Interdisciplinariedad

Ana Lucía Frega

Interdisciplinariedad
*Enfoques didácticos
para la educación general*

Con la colaboración de María Angélica BUSTOS
Carla DOMÍNGUEZ
Diana FERNÁNDEZ CALVO
Iris Xochitl GALICIA MOYEDA
Violeta SCHWARCZ LÓPEZ ARANGUREN
Rafael TORIZ SANDOVAL

Ana Lucía Frega
   Interdisciplinariedad : enfoques didácticos para la educación general - 3a ed. - Buenos Aires : Bonum, 2014.
   144 p. ; 22x15 cm.

   ISBN 978-950-507-990-2

   1. Educación. 2. Formación Docente. I. Título
   CDD 371.1

Director del Departamento de educación: Dr. Julio César Labaké

Diagramación: Beton
Corrección: Ignacio Lo Russo
Diseño de tapa: Donagh|Matulich

© Editorial Bonum, 2014

Av. Corrientes 6687 (C1427BPE)
Buenos Aires - Argentina
Tel./Fax: (5411) 4554-1414
ventas@editorialbonum.com.ar
www.editorialbonum.com.ar

Queda hecho el depósito que indica la Ley 11.723
Todos los derechos reservados

No se permite la reproducción parcial o total, el almacenamiento, el alquiler, la transmisión o la transformación de este libro, en cualquier forma o en cualquier medio, sea electrónico o mecánico, mediante fotocopias, digitalización u otros métodos, sin el permiso previo y escrito del editor. Su infracción está penada por las Leyes 11.723 y 25.446.

Impreso en Argentina
Es industria argentina

Prólogo

"En toda ocasión se busca la constitución de una estrategia de enseñanza que adopte perspectivas cooperativas entre las diversas disciplinas habituales en los planes de estudio, lo que podría otorgar al alumnado más posibilidades para realizar operaciones de transferencia de contenidos y procedimientos entre los distintos ámbitos disciplinares, hecho que es más un anuncio y una expresión de deseos que necesita seguramente un estudio serio y una planificación acotada **para evitar el riesgo de que el alumnado entre en contacto con conocimientos de síntesis presentados y exigidos de manera mecánica y rutinaria, cayendo en una verbalización o en actividades estériles por no comprendidas.**"

Ana Lucía Frega tiene tres ventajas para ofrecernos siempre material de primer nivel, y de la forma tan clara y asimilable que lo hace.
No sólo ha sido siempre una estudiosa, sino que ha estado al frente de alumnos mucho tiempo. Ha merecido un largo reconocimiento por su trayectoria en la cátedra universitaria, y por algo ha ganado un asiento en la Academia Nacional de Educación.
Desde su especialidad, la Música, ha construido, con los años, otras especialidades. Abarca la comprensión integral del proceso educativo. Por eso ha producido poco antes su *Pedagogía del arte* (Editorial Bonum).
Ana Lucía sabe y sabe transmitir.

Ahora es el tema de la original propuesta para abordar el asunto de este libro:
"*¿Inter o trans?… ¿Co… Multi…? Definiciones y un poco de historia práctica.*" Tema del primer capítulo que pretende y logra dilucidar el contenido de estas palabras que no siempre se emplean adecuadamente, ni se traducen en acciones de enseñanza-aprendizaje con la suficiente y eficiente comprensión de la propuesta.

Comienza por aclarar definiciones para iniciar el proceso con bases verdaderamente significativas.

Lo que no es, por cierto, un tema secundario, ni mucho menos. Se trata de alcanzar una forma de enseñanza aprendizaje "integrativo", que nos acerque a una visión holística y a una capacidad operatoria sobre la realidad con las mejores condiciones de éxito. Porque la realidad no está dividida en sectores separados que respondan independientemente a cada materia del plan de estudios. La realidad es una totalidad y operan multifactores, multielementos integrados, que no responden aisladamente a una prolija especialidad aislada. Allí no funciona el "especialismo". Y eso debe ser comprendido, no para renunciar a la especialidades, sino para fundamentar los trabajos en equipo que son lo que nos muestran los grandes centros de investigación y aplicación práctica del mundo más avanzado.

El modo de conocer genera modos de acción.

Un conocer disperso y atomizado, o mal correlacionado, genera compartimentos estancos y disminuye el potencial de la capacidad humana, desde la ciencia y para la tecnología.

Saber cómo se ha de enseñar y cómo se ha de aprender es fundamental.

Y el libro avanza con "olor a tiza" en cada momento. Por eso la mitad de su trabajo está construida con ejemplos concretos y de aplicación posible de la doctrina que tan claramente expone.

En estos tiempos en que buscamos caminos, Ana Lucía Frega nos ofrece con su maestría de siempre, uno de ellos, y con un lenguaje cuidado sin ser elitista, bello, y adherido a la realidad.

Nos quiere decir que con lo que somos y tenemos podemos dar un paso hacia un modo verdaderamente integrador del conocimiento. Bienvenido este nuevo libro suyo.

Dr. Julio César Labaké

Capítulo 1

¿INTER O TRANS?...
¿CO...MULTI...?
Definiciones y un poco de historia

El aprendizaje como estilo individual interdisciplinar se ha constituido en una esperanza para optimizar los procesos de enseñanza escolar, especialmente frente al denominado "tiempo de la explosión del conocimiento". Son diversos los trabajos y publicaciones en los que me he ocupado del tema, especialmente a partir de mi formación básica como música.

Justamente por tanto incursionar en temáticas de "establecer relaciones", me adentré en temas de arte en general. Acercarme al tema desde una visión amplia y comprensiva, a partir de tantos temas comunes en los conflictos de aprendizaje observado en el aula de educación general de todos los niveles de la escolaridad formal, fue sólo cuestión de tiempo.

En el caso de este libro, intento reunir materiales hasta hoy dispersos, y hacer algunos nuevos aportes concretos de reflexión y de ejemplos, con la intención de compartir mucha experiencia de aula sobre el tema central de la obra.

Para comenzar desarrollo algunas "ideas–fuerza" que, a mi entender, ayudan a clarificar el tema de nuestro interés, además de acercar parte de un informe de investigación muy puntual sobre nuestro tema, debidamente ajustado a las necesidades de este libro.

Primera IDEA-FUERZA

En toda ocasión, se busca la constitución de una estrategia de enseñanza que adopte perspectivas cooperativas entre las diversas disciplinas habituales en los planes de estudio, lo que podría otorgar al alumnado más posibilidades para realizar operaciones de transferencia de contenidos y procedimientos entre los distintos ámbitos disciplinares. Este hecho es más un anuncio y una expresión de deseos que necesita seguramente un estudio serio y una planificación acotada **para evitar el riesgo de que el alumnado entre en contacto con conocimientos de síntesis presentados y exigidos de manera mecánica y rutinaria, cayendo en una verbalización o en actividades estériles por no comprendidas.**

Algunos problemas de este enfoque son:

- Pensar un contenido es pensar "dentro" de la disciplina (o recorte disciplinar); sin embargo las demandas sociales y culturales, el avance científico y tecnológico y los niveles de estructuración de los sujetos que aprenden, exigen un pasaje hacia la complejidad de los entrecruzamientos que posibilite que los niños y los jóvenes relacionen e integren el material que se ofrece como objeto de conocimiento puesto al alcance de sus esquemas y estructuras cognoscitivas, conocimientos previos y sistemas de creencias, al tiempo que les permita expresarse cumpliendo con los requisitos de "comunicatividad, actividad y especificidad" en la expresión, propios de las artes y las ciencias.
- Detectar y estructurar diseños didácticos operativos implica un trabajo de equipo en el que los docentes coincidan en algún encuadre organizador.

La bibliografía al respecto, amplia, sólida y "operativizable" elaborada a lo largo de los últimos años por **Edgar Morin**, se constituye en un insumo indispensable cuando de implementar algunas de estas intenciones se trate.

Se considera entonces adecuado el tránsito por su bibliografía y sus propuestas, con la esperanza de aportar datos concretos y pasos claros de desenvolvimiento a un recorrido esclarecedor de tanta postura pretendidamente interdisciplinar.

El tema de los **qué** a conocer, comunes entre recortes disciplinares de campos diversos, parecería estar más comprendido que el **cómo** podría interactuarse en materia de apropiaciones.

Es conveniente hacer operativo el marco teórico propuesto por la bibliografía de Edgar Morin acerca del "pensamiento complejo" como integrador interdisciplinar, como herramientas teórico-operativas aplicables a los procesos de enseñanza de disciplinas diversas y hacia problemas de la educación en su conjunto, de aplicación posible en los diferentes ciclos, niveles y regímenes del sistema educativo formal y no formal.

Este autor es objeto fundamental en algunas de las consideraciones que el lector encontrará en el segundo capítulo de este libro, e ilumina propuestas prácticas que se incluyen a lo largo de éste.

En el desarrollo de esta primera IDEA-FUERZA intento favorecer el desarrollo, actualización y aplicación de estrategias didácticas en diferentes niveles y aspectos educativos de diferentes ámbitos disciplinares, además de promover la apertura de espacios de producción, reflexión, discusión, crítica e investigación que estimulen la concepción de proyectos transdisciplinares y de integración entre los profesionales docentes que integran las distintas unidades escolares, especialmente en el ámbito de la educación general.

Segunda IDEA-FUERZA

La renovación de las enseñanzas propuestas por los aportes de la Psicología de la Creatividad (Guilford, Rogers, Torrance, Gardner, entre otros), explora estos marcos teóricos para fundamentar estrategias y programaciones específicas para la enseñanza de las diversas disciplinas. Se basa en la investigación sistemática aplicada, estudiando los temas del desarrollo evolutivo del sujeto de la educación y las implicaciones de los distintos ámbitos y niveles educativos.

Estos enfoques emergen de búsquedas y afirmaciones que, ya en la década del 50, identificaron los rasgos propios del creador en **ciencia** y en **arte** como ejes del necesario mejoramiento de la educación general. En realidad "El declive generalizado de la creatividad en una sociedad es una especie de 'enfermedad' que, en último término, podría generar su destrucción."[1]. Es una afirmación que demuestra la dificultad del recorrido necesario para la implementación de estos valiosos planteos y para conseguir que éstos se concreten en la labor docente cotidiana, pensando la **educación** en sentido amplio, como ámbito de crecimiento del individuo en pos de su realización como persona.

---

[1] Bohm D. y Peat D. "Ciencia, orden y creatividad. Las raíces creativas de la ciencia y la vida". Kairós, Barcelona, 1988.

Los científicos todos, coinciden con los artistas en la respuesta a las preguntas ontológicas y epistemológicas fundamentales, tal como se lee a continuación:
"Verás, el universo me ha interesado desde que tengo uso de razón. Todavía recuerdo una noche en que me detuve bajo una farola. Debía de tener ocho o nueve años y, alzando la mirada al cielo comencé a preguntarme si la luz seguía siempre subiendo, y qué significaría para algo el continuar siempre **subiendo**, y si el universo se terminaba alguna vez. Ya conoces ese tipo de preguntas. Bien, pronto empezó a excitarme la idea de que la mente humana era capaz de plantearse este tipo de cuestiones y aprehender de alguna manera la inmensidad de todo[2] [...] Podía ver que (las artes) eran otra manera importante de responder a la naturaleza y entender nuestra posición en el universo. Siempre he intuido que, en el fondo, las figuras más importantes de las ciencias y las artes hacían fundamentalmente lo mismo, tratando de responder a la misma pregunta básica."
Se hace evidente, entonces, que la creatividad como "manera de contemplar" el desafío cotidiano del ENSEÑAR A APRENDER, se constituye en una fuerza/energía indispensable en la elaboración de propuestas didácticas, de estrategias operativas que renueven los procesos de enseñanza aprendizaje escolar.
Me permito remitirme desde ya a mis dos últimas publicaciones en Editorial Bonum, *Didáctica de la Música* (2005) y a *Pedagogía del Arte* (2006) para que el lector incursione en buen número de unidades didácticas que, a partir de intentos sistemáticos de estimulación de la creatividad, abordan también sistemáticamente algunos temas transdisciplinares con perspectivas didácticas de estimulación sistemática de la creatividad.

Entrando en materia

En el artículo **"Arte, educación e interdisciplinariedad[3], Aportes de una investigación"**, publiqué una etapa sustantiva de la investi-

---
[2] Idem obra citada en 1.
[3] Este informe es una síntesis de una serie publicada por la autora sobre el tema de la investigación en Revista CONSUDEC Nº 946/7, 948, 949, 950 y 955, 2003.

gación que, durante algunos años, fui recorriendo a lo largo de mis reflexiones acerca de la Didáctica.

En definitiva, todo tiene que ver con esta necesidad imperiosa que algunos sentimos por generar las mejores situaciones educativas para nuestros alumnos de los sistemas de educación general de nuestro mundo hispano-parlante.

Esa etapa estaba constituida por una exploración básica, semántica, diccionario en mano, de ese tema contemporáneo tan meneado como "solución definitiva" de varios de los problemas de aprendizaje observados en el recorrer por muchos de nosotros –incluyo al lector, naturalmente– de las aulas de lo cotidiano.

Decidí incluir partes de ese artículo a manera de comienzo, rogándole al lector me acompañe en esta relectura, que centré en el arte, por ser éste el tema básico de parte de mi formación y de mi labor profesional.

Pero deseo que lo haga desde el epígrafe de este capítulo ...¿por qué?

Respondo: *porque estoy convencida de que MUCHOS hablan de INTERDISCIPLINARIEDAD ...pero pocos, demasiado pocos, saben exactamente* **qué** *estamos buscando en este concepto,* **cuáles** *son sus constituyentes desde el mecanismo del aprendizaje de nuestros alumnos. Para que me acompañe en este recorrida, marco con asterisco los fragmentos que selecciono y luego hago comentarios ampliatorios en bastardilla.*

* *Desarrollo inicial del tema*

Es indudable que las definiciones han generado preguntas, inquietudes e iniciativas. No es sencillo resolver el tema de las posibles interacciones entre disciplinas. Y no lo es ya que es indudable que las diferencias epistemológicas entre los distintos "lenguajes/medios" propios de cada una de las artes, surgen de inmediato. ¿Cabe identificar interacciones, cruces, encuentros entre ellos?

Si bien "el arte es el conjunto de fenómenos, productos, obras del hombre en las que la función estética se da prioritariamente" (Mukarovsky: 1996: 82), en el contexto de la escolaridad general se generan diferentes interrogantes con respecto al agrupamiento de distintas disciplinas en un área, sus posibilidades de interacción y posible globalización o apropiación holística, lo que genera la necesidad de desenvolver investigación específica.

Surgieron así preguntas para comenzar el análisis y la sistematización de ideas, lo que generó un diseño de investigación del que se presentan algunas etapas y conclusiones.

Interrogante central

Se formularon los siguientes interrogantes... le sugiero que los lea desde SU disciplina, sea matemáticas, ciencias sociales...para confirmar su pertinencia en cualquier mirada que busque PUNTOS EN COMÚN.

- ¿Son epistemológicamente independientes o no, unas de las otras?
- ¿Poseen estructuras morfológicas semejantes o equivalentes, o no?
- ¿Hay coincidencias procedimentales entre ellas?
- ¿Tienen analogías y diferencias en cuanto forma de conocimiento, representación simbólica y producción cultural?
- ¿Deberían por tanto ser abordadas desde la interdisciplinariedad o integración o interacción o globalización o multidisciplinariedad o pluridisciplinariedad?

Aquí, se planteó el problema de investigación que reelaboro en función de usted, colega lector.

Al observar que en los documentos oficiales no están, generalmente, identificadas y descriptas en detalle las coincidencias enunciadas entre los distintos lenguajes del arte, ni entre disciplinas diversas cuando de ellas se trata, lo que deja sin respuesta los interrogantes expuestos anteriormente, esta investigación procuró lograr las definiciones y delimitaciones pertinentes que den cuenta de lo citado y orienten diversas puestas en práctica didáctica de lo prescripto.

Este es el NUDO GORDIANO del intento de respuesta al que apunta este libro: si hay COINCIDENCIAS/CONTACTOS posibles... ¿cuáles son, de qué dependen, cómo funcionan?

Un poco de historia sobre este tema de la INTERDISCIPLINARIE-DAD, SU USO COMO TÉRMINO CASI MÁGICO, LAS DISTINTAS VERTIENTES QUE SE HAN SUSTENTADO, PUEDE

AYUDAR EL PROCESO DE COMPRENSIÓN EN EL QUE ESTAMOS EMBARCADOS usted y yo, estimado colega lector. Esclarecer las terminologías en análisis se constituyó en una necesidad para la comprensión del objeto de estudio en uno de sus aspectos fundamentales.

Para ello, se analizó la bibliografía de uso común en nuestra parte del mundo, referida a este vasto tema. Se detallan, a continuación, algunos de los puntos relevados y comentados a manera de ejemplo de la metodología seguida.

1º) Al realizar la investigación bibliográfica, fue necesario comenzar por encuadrar la estructura de los CBC –*y cualquier formato de presentación de contenidos de aprendizaje debería ser contemplado de la misma manera*– como punto de partida de un currículum que "considerando las relaciones entre contenidos", aparentemente no es agregado (pues no están aislados entre sí en una relación cerrada), sino integrado, (pues los contenidos se presentan en una relación abierta entre sí)" ya que "la noción de integración aquí, se refiere mínimamente a la subordinación de materias previamente aisladas, a una idea que las relaciona, lo cual borra la delimitación entre las mismas" (Berenstein, 1985: Pág. 2-5). A este criterio correspondería la organización estructural en el formato *área* encontrando que "son tipo de unidades cuyos contenidos desdibujan los límites disciplinarios aunque pueden guardar fuertes fronteras entre sí, en la totalidad del diseño. Las áreas suelen enfocarse como campos de conocimiento relativos a un cuerpo de disciplinas." (Davini, 1999: Pág.126).

La integración de disciplinas mediante áreas de conocimiento es una modalidad bastante divulgada y es también la que utiliza la ley española (Logse, 1992) para presentar los contenidos mínimos. "La vertebración se lleva a cabo agrupando aquellas disciplinas que mantienen similitudes importantes en contenidos, en estructuras conceptuales, procedimientos, metodologías de investigación, etc. Es el caso de las áreas de educación primaria denominadas como "educación artística", "conocimiento del medio natural, social y cultural", etc." (Torres, 1998: Pág. 206); éste sería el criterio utilizado por los documentos en observación.

2º) Se buscó a continuación clarificar el sentido del concepto *disciplina*; se encontró que para que "un cuerpo de conocimientos pueda ser etiquetado como disciplina de manera legítima, tiene que cumplir con una serie de requisitos. Sin embargo, tampoco existe unanimidad en el momento de concretarlos." (Torres, 1998: Pág.58).

Desde el punto de vista histórico, la tendencia a la diferenciación del conocimiento en una multiplicidad de disciplinas autónomas comenzó a principios del siglo XIX, vinculado al proceso de transformación social que tuvo lugar en los países europeos más desarrollados: "Técnicas y saberes se fueron diferenciando progresivamente y, a su vez, los lenguajes que los caracterizaban se fueron especializando y circunscribiendo a ámbitos específicos. Surgió de ese modo el concepto **disciplina con un objeto de estudio, marcos conceptuales, métodos y procedimientos específicos.**" (Torres, 1998: Pág. 58) (El subrayado es nuestro.)

Durante muchos años, las condiciones que un cuerpo de conocimientos debía reunir para ser considerado disciplina, fueron dictadas desde el paradigma positivista, siendo un buen ejemplo la caracterización realizada por Boisot (Cfr. Boisot, 1979: Pág. 101), con requerimientos tan rígidos y limitados que corpus de conocimientos como las artes, la ética, la política, etc. quedaban fuera por no someterse a sus niveles de formalización.

Las mayores críticas a esta posición surgieron de la Escuela de Franckfurt y fueron plasmadas en obras de Horkeimer y Adorno, entre otras.

3º) Wallerstein propone otra concepción de disciplina, en un sentido más amplio. "Las disciplinas son agrupaciones intelectualmente coherentes de objetos de estudio distintos entre sí" (Wallerstein, 1990: Pág. 399).

A su vez, Toulmin enuncia las cinco características que debe reunir una disciplina para ser tal, entre las que se cita: "Sus actividades tienen que estar organizadas ALREDEDOR DE, y DIRIGIDAS HACIA un conjunto específico y realista de ideales colectivos acordados" (Toulmin, 1977: Pág. 383-384). Diferencia también este autor entre "disciplinas compactas y disciplinas difusas".

4º) El *Diccionario de las Ciencias de la Educación* (Santillana, 1983: Pág. 428), dice: "Disciplina: rama del saber que abarca el conjunto de conocimientos de un ámbito específico, agrupados de modo sistemático."

De cualquier manera, conviene recordar que la construcción y conformación de las disciplinas no ha sido fácil y que tampoco son corpus eternos e inmutables: son fruto del devenir histórico cultural, de los focos de estudio, de las nociones sobre psicología del aprendizaje. Constituyen sistemas organizadores del conocimiento según focos, miradas, recortes de la compleja realidad en estudio para su comprensión.

5º) El estudio de la relación entre las disciplinas conlleva la aparición del concepto de *interdisciplinariedad*, término sobre el cual aún hoy no hay consenso de significado. Se manifiesta ya en Platón cuando plantea la necesidad de una ciencia unificada; más tarde, el Trivium y el Cuatrivium serían pioneros de una enseñanza integrada que agrupa los ámbitos de conocimiento siguiendo ciertos principios epistemológicos de similariedad. La Escuela de Alejandría (neoplatónica), por su parte, sería la institución más antigua comprometida con la unificación del conocimiento, que la época clásica griega denominó *paideia cíclica* y que para los romanos fue la *doctrinarum orbe*.

Siguiendo a saltos por la historia, se encuentran entre otros, Bacon con su utopía científica de la casa de Salomón en *New Atlantis*; la *Pansophia* o *Pantaxia* de Comenio; el *Diccionario razonado de las ciencias, las artes y los oficios*, fruto del enciclopedismo (Cfr. D'alembert,1984); el período industrial, que fijó nuevas cotas a cada disciplina; el positivismo y la paradoja de la dicotomía entre quienes están a favor de mayor especialización y quienes avalan propuestas de formación más generalizadora o integrada.

En el renacimiento de la interdisciplinariedad en materia de comprensión, de conocimiento y de educación en el S.XX, tuvieron un relevante papel concepciones teóricas tan decisivas como el marxismo, el estructuralismo (Piaget, 1979: Pág. 155-156), la teoría general de sistemas (Bertalanffy, 1974: Pág. 97) o el descontruccionismo (Derrida, 1976: Pág. 12), entre otras.

Sin embargo, apostar por propuestas interdisciplinares no significó que éstas se circunscribieran al orden estrictamente científico sino que se "observan cambios en las estructuras institucionales, nuevas relaciones de enseñanza, nuevos puntos de vista sobre la relación entre la Universidad (escuela) y la sociedad" (Berger, 1979: Pág. 75). En el momento de analizar relaciones entre disciplinas, se observan las variables intervinientes citadas por Torres Santomé (1998: Pág. 65-66), los criterios de Guy Berger (1979: Pág. 28-29), los pasos de un proceso de intervención interdisciplinar formulados por Klein (1990: Pág. 188-189), las modalidades de Scurati (1977: Pág. 27-28) en su taxonomía de seis niveles, los tipos de Boisot (1979: Pág.103-108), la jerarquización de niveles de colaboración e integración que propone Piaget y que es el tomado por Cullen (1998: Pág. 39 y 40) y Bustos (2000: Pág. 17); además, la clasificación de los niveles posibles de Eric Jantsh, presentada en un Seminario de la OCDE en 1979, una de las más usadas en nuestro medio y que reconoce como antecedente a la propuesta por Ryszard Wasniowsky (1971, Un. T. Wroclaw, Polonia), a su vez retomada por George Vaidenau para un documento encargado por la UNESCO (1983, Symposium, Bucarest).

6º) Al continuar el rastreo de los distintos términos, aparecen varias denominaciones que se definen a continuación:
Multidisciplinariedad: el concepto indica que la comunicación entre las distintas disciplinas estaría reducida al mínimo. Significa solamente yuxtaposición de materias/disciplinas diferentes que son ofrecidas de manera simultánea con la intención de sacar a luz algunos de sus elementos comunes.
Pluridisciplinariedad: alude a la yuxtaposición de disciplinas más o menos cercanas dentro de un mismo ámbito de conocimientos. Se constituye como una forma de cooperación e intercambio que se produce de igual a igual sin que haya modificación de la base teórica, metodológica o problemática, se "unifica el conocimiento de diversas disciplinas, pero manteniendo lo que es más específico e idiosincrático de cada una" (Palmade, 1979: Pág. 211).
Disciplinariedad cruzada: el término conlleva la noción de un acercamiento basado en una relación de fuerza en la que una de las disciplinas va o puede dominar sobre las otras.
Interdisciplinariedad: implica una voluntad y compromiso de elaborar un marco más general y exterior a cada especificidad, en el que cada una de las disciplinas en contacto resulta, a la vez, modificada,

dependiendo claramente de las otras. Entre las distintas materias se producen intercambios mutuos y recíprocas integraciones.
Transdisciplinariedad: se presenta como un nivel superior de organización donde desaparecen los límites entre las diversas disciplinas y se constituye un sistema total/totalizador que sobrepasa el límite de las relaciones e interacciones que previamente las separaban.
Hasta aquí se han expuesto algunos comentarios a manera de conclusiones, con búsqueda de precisiones, lo que ha permitido constatar que la voz "**interdisciplina**" es una complejidad semántica que necesita y requiere reflexión, antes de ser concretada en haceres didácticos.

Con este párrafo final, no del artículo mencionado, sino de la parte de éste que es válido incluir aquí, queda magníficamente planteado el interrogante. Debemos aclararlo, si no dilucidarlo.
Lo haremos de la mano de dos queridas y apreciadas colegas, psicólogas con fuertes intereses en temas diversos de aprendizaje. En el próximo capítulo, les formulo a ellas algunos interrogantes puntuales; sus respuestas son verdaderamente esclarecedoras.

Bibliografía

Mondani, A. M. "Las Artes en la reforma educativa argentina, una investigación en curso". En Boletín del CIEM, Año 8, N° 24, Collegium Musicum, Buenos Aires, diciembre 2001, Pág. 35-42.
En cuyo trabajo se cita a:
Bernstein, Basil, "Clasificación y enmarcación del conocimiento educativo". En Revista Colombiana de Educación, 1er semestre. Bogotá, 1985.
Berger, J. "Opiniones y realidades". En Apostel, L. et al.. *Interdisciplinariedad. Problemas de la enseñanza y la investigación*. Asociación Nacional de Universidades e Institutos de Enseñanza Superior, México, 1979.
Boisot, M. Disciplina e interdisciplinariedad. En Apostel, L. *et al. Interdisciplinariedad. Problemas de la enseñanza y la investigación*. Asociación Nacional de Universidades e Institutos de Enseñanza Superior, México, 1979.

Consejo Federal de Cultura y Educación. *Contenidos Básicos Comunes para la Educación General Básica.* Ministerio de Cultura y Educación de la Nación, Consejo Federal de Cultura y Educación, Buenos Aires, 1994.

Consejo Federal de Cultura y Educación. *Contenidos Básicos Comunes para la Educación Polimodal.* Ministerio de Cultura y Educación de la Nación, Consejo Federal de Cultura y Educación, Buenos Aires, 1997.

Davini, C. Conflictos en la evolución de la didáctica. La demarcación de la didáctica general y las didácticas especiales. En AAVV. *Corrientes didácticas contemporáneas,* Paidós, Buenos Aires, 1997.

Davini, C. *Curriculum.* Universidad Nacional de Quilmes, Bernal (Pcia Buenos Aires), 1999.

Diccionario de las Ciencias de la Educación. Edit .Diagonal Santillana Bs.As, 1983.

Honorable Congreso de la Nación. *Ley Federal de Educación de la Nación: 24.195,* Boletín oficial del Congreso Nacional, Buenos Aires, 1993.

Mukarovsky, J. Escritos de estética y semiótica del arte. Gilli, Barcelona, 1996. en *Fuentes para la transformación curricular,* M de C y Ed. de la Nación, Buenos Aires, 1996.

Torres, J. *Globalización e interdisciplinariedad: el curriculum integrado.* Editorial Morata. Madrid, 1994.

Wallerstein, I. Análisis de los Sistemas mundiales. En Goddes A. et al. *La teoría social hoy.* Editorial Alianza, Madrid, 1990.

Bertalanffy, L. *Robots, hombres y mentes.* Guadarrama, Madrid, 1974.

Boggino, N. *Globalización, redes y transversalidad de los contenidos en el aula.* Homo Sapiens Ediciones, Rosario, 1997.

Bustos, M. A. "El abordaje interdisciplinario de la enseñanza de los contenidos procedimentales en el Nivel Inicial y la Educación General Básica. Ciclo I, de las disciplinas: Música, Matemática, Plástica y Ciencias Naturales. Un estudio desde la Música". Informe final de la beca otorgada por la Subsecretaría de Cultura de la Provincia de Santa Fe -Rubro Música- Categoría "B", septiembre, año 2000. Mimeo.

Cullen, Carlos. "Problemas teóricos y metodológicos en la Interdisciplina". Apuntes del curso de Posgrado dictado en la Facultad de

Humanidades y Artes de la Universidad Nacional de Rosario. Capítulo Primero, Punto 2: La Interdisciplinariedad. 1998. Mimeo.
D'ALEMBERT, J. *Discurso preliminar de la enciclopedia.* Sarpe, Madrid, 1984.
DERRIDA, J. *Posiciones.* Editorial Pretextos, Valencia, 1976.
FREGA, Ana Lucía. "La formación artística, una encrucijada pedagógica". En *Boletín de la Academia Nacional de Educación,* Nº 42. Academia Nacional de Educación, Buenos Aires, Argentina, 2000, Pág. 11-14.
FREGA, Ana Lucía. "Creatividad e improvisación". En *Revista Eufonía. Didáctica de la Música,* Nº 8. Editorial Graò, España, 1997. Pág. 51-54.
FREGA, Ana Lucía. "Música y movimiento". En *Revista Eufonía. Didáctica de la Música,* Nº3. Editorial Graò, España, 1996. Pág. 45-51.
HECKHAUSEN, H. *Discipline et interdiscipinarieté.* OCDE-CERI, París, 1970.
JANTSCH, E. Hacia la interdisciplinariedad y la transdisciplinariedad en la enseñanza y la innovación. En APOSTEL, L. et al. *Interdisciplinariedad. Problemas de la enseñanza y la investigación.* Asociación Nacional de Universidades e Institutos de Enseñanza Superior, México, 1979.
KLEIN, J. *Interdisciplinarity: History, Theory and Practice,* Wayne State University Press, Detroit, 1990.
MADSEN, C. et al. *Enseñanza y disciplina.* Editorial Marymar, Universidad Nacional de General San Martín, 2000.
PALMADE, G. *Interdisciplinariedad e ideología.* Narcea, Madrid, 1979.
SAUTU, R. "Los métodos cuantitativos y cualitativos en la investigación educativa". En *Boletín de la Academia Nacional de Educación* Nº 42, Buenos Aires, 2000. Pág. 4-10.
SCURATI, C. y DAMIANO E. *Interdisciplinariedad y didáctica.* Ed Adara, A Coruña, 1977, "A Coruña" (La Coruña, porque se mantienen las características de edición en el lugar de origen).
TABA, H. *Elaboración del Curriculum.* Editorial Troquel, Buenos Aires, 1974.
TOULMIN, S. *La comprensión humana. Vol. 1. El uso colectivo y la evolución de los conceptos.* Editorial Alianza, Madrid, 1977.

Capítulo 2

Aprendizaje: ¿por imitación...?, ¿por transferencia...?, ¿como un proceso interdisciplinar...?

Iris Xochitl Galicia Moyeda, doctora en psicología, docente de grado y de posgrado en la Universidad Autónoma de México, y Violeta Schwarcz López Aranguren, licenciada en Psicologia y docente en la Facultad de Psicología de la Universidad de Buenos Aires, recibieron ambas las siguientes preguntas.
Sabían que el marco/destino de las respuestas era este libro. Incluyo aquí, siempre en bastardilla, esos interrogantes y luego, transcribo exactamente la manera en que –cada una– abordó el itinerario de sus respuestas.
Su lectura, amigo lector, tendrá en consideración todo lo comentado en el primer capítulo de este libro…para ir construyendo sus propias comprensiones. Así, en un camino que –como intertextual– es un ejercicio también interdisciplinar.

Primera pregunta:
En una época, el aprendizaje se centró en el desarrollo de la capacidad para copiar/imitar: lengua materna, temas musicales, dibujos, movimientos…... La pedagogía superficial dice hoy que este ejercicio no significa "aprender". Sin embargo, hoy se retoma la ejercitación por copia, pero se pide que sea COMPRENSIVA, SIGNIFICATIVA…¿podría Usted describir las OPERACIONES de todo tipo (o tipos de operaciones con ejemplos) que un sujeto realiza al COPIAR y que harían de este modo de conocimiento (apropiación) un ejercicio de aprendizaje válido, transferible trans/interdisciplinarmente?

Segunda pregunta:
Existen "estructuras" o "sistemas" elaborados por una disciplina (por ejemplo, la recta numérica en matemáticas, 1, 2, 3, etc. y -1, -2, -3, etc.) que coinciden con "estructuras" o "sistemas" propios de otra disciplina (por ejemplo, la escala de quintas que rige el sistema tonal musical occidental). ¿Podría Usted explicar, desde la psicología del aprendizaje, cómo se da la comprensión de la SIMILITUD de la estructura/sistema a pesar de la distinta naturaleza del objeto de estudio?, ¿qué operaciones realiza el sujeto al aprender/descubrir/comprender?, ¿cómo se relacionaría todo esto con el modelo "pensamiento complejo" sustentado por Edgar Morin?, ¿con la noción de COMPETENCIAS?

Dice Iris Xochitl Galicia Moyeda, desglosando las ideas mías:
La imitación ha sido uno de los mecanismos básicos del aprendizaje que se encuentra presente en seres humanos y en los animales. Muchas conductas aprendidas por estos últimos son por imitación y en los primeros meses de vida de los seres humanos, también ocurre un alto porcentaje de conductas imitativas. El explicar la imitación, llevó a algunos teóricos a considerar la posibilidad de que fuese una tendencia o conducta innata, necesaria para la sobrevivencia y por ello se encontraba presente.
Pero también se encuentran explicaciones donde la imitación supera tal condición biológica. Para Piaget la imitación, y en particular la imitación diferida, implica una conducta simbólica que da inicio al despliegue de otras manifestaciones de representaciones mentales que darán soporte a todas las operaciones concretas y, posteriormente, a las operaciones formales. Considerada así la imitación, no resulta en una simple copia, sino en la abstracción y representación de las características de las acciones.
Desde la perspectiva de Bandura, la imitación es el elemento clave del aprendizaje vicario. El aprendiz va a reproducir lo que el modelo hace, pero esta repetición tampoco es mecánica, ni biológica. Inicialmente el individuo observa un modelo y repetirá aquellas acciones que hayan resultado efectivas para el modelo, no repetirá aquellas que al modelo no le hayan servido efectivas o reforzadas. Sin embargo, no cualquier individuo puede fungir como modelo; tendrá que ver que realmente este obtenga resultados efectivos pero también con otras características del mismo modelo o del entorno social que valide al modelo;

necesariamente también existe la participación de la apreciación que hace el individuo aprendiz de que la acción realizada por el modelo puede ser adoptada por él y tener las mismas consecuencias.

Para tal efecto, el individuo observador o aprendiz tendrá que realizar una discriminación de las características tanto del modelo como de sus acciones, que sean las determinantes para ser efectiva, así como la posibilidad de realizar esas acciones y adecuarlas a una situación semejante o generalizar su aplicación en situaciones relativamente diversas de aquellas en las que en un principio fueron realizadas. Necesariamente esa aplicación tiene que ser efectiva para el aprendiz, para que se vuelva parte de su repertorio.

Así pues, la imitación no implica una conducta biológica o mecánica. Es el resultado de una representación de las acciones desde la perspectiva piagetiana que puede ser de un nivel más sencillo así como de un nivel más elevado. Desde la postura conductista, implica un proceso de discriminación que también puede ir desde una discriminación simple hasta una condicional. Son los modelos conductuales que explican la formación de conceptos, la conducta gobernada por reglas, y otros procesos considerados como constituyentes de la conducta compleja y del pensamiento.

De esta forma la imitación, en diferentes niveles de complejidad cognitiva, puede emplearse para el aprendizaje de variadas actividades motoras e intelectuales. Por lo mismo, sería aceptable pensar que es un proceso que puede aplicarse en el aprendizaje de diversas disciplinas. Ahora bien, se podrá pensar que la imitación sólo puede darse en aprendizajes motores o sencillos intelectualmente. El imitar una estrategia de solución de problemas, como se pretende en algunas aproximaciones como los modelos de expertos y novatos, implica realizar la serie de pasos de la estrategia no de manera indiscriminada. Como ya se señaló, se requiere que esa estrategia sea efectiva ahora para el aprendiz o novato, para que se consolide y realmente se vuelva parte de su repertorio de estrategias de solución de problemas. Si la estrategia no resulta ser eficiente para el aprendiz no se empleará o se le realizarán modificaciones, para que cumpla con los criterios de logro impuestos por la tarea misma. La realización de estas acciones puede interpretarse desde la perspectiva piagetiana, como los procesos de asimilación y acomodación implicados en el conflicto cognitivo que ocurriría al advertir que la estrategia imitada y empleada para solucionar una tarea no es eficiente y que el individuo tendría que optar por recursos propios para adaptar la estrategia a las condiciones del problema actual.

Además, hay que señalar que la repetición de la estrategia en iguales condiciones implicaría un aprendizaje de baja demanda cognitiva; sin embargo la aplicación de esa estrategia en condiciones diferentes también nos estaría hablando de una generalización o transferencia, lo que implicaría también un aprendizaje de un nivel cognitivo mayor, válido ya sea viéndolo desde la postura piagetiana o la conductista.

Por otro lado, la última parte de la pregunta:

¿Podría usted describir las OPERACIONES de todo tipo que un sujeto realiza al COPIAR y que harían de este modo de conocimiento (apropiación) un ejercicio de aprendizaje válido transferible trans /interdisciplinarmente?

La interpreto de esta manera. *¿La copia es un ejercicio de aprendizaje transferible entre disciplinas?* A lo que contestaría que más bien la copia, o la imitación, es un proceso de aprendizaje básico y por lo mismo es utilizado para aprender tareas de diversa índole y variadas demandas cognitivas.

Lo que considero que podría ser transferible es el desempeño o realización de una tarea a otra tarea, no la imitación en sí misma. Así pues, la estrategia de solución de problemas la puedo emplear para solucionar problemas emocionales o intelectuales; sin embargo se tiene que realizar una adecuación de la estrategia surgida en el campo original al nuevo campo de aplicación. Esta adecuación puede ser mínima y seguir compartiendo características con la original, pero puede desarrollarse de manera más amplia o diferenciada y terminar siendo una estrategia diferente del campo original y propia del campo en que fue adaptada. Para dar cuenta de lo anteriormente expresado, pasaría a responder la siguiente pregunta:

¿Existen "estructuras" o "sistemas" elaborados por una disciplina que coincidan con "estructuras" o "sistemas" propios de otra disciplina? Es factible suponer que ciertas estructuras, sistemas o modelos elaborados para dar cuenta de un objeto de estudio (para efectos de identificación se emplearán las siglas SOE1) se empleen para explicar otros objetos de estudio para los que no fueron creados. Es una actividad que requiere un análisis conceptual de los elementos teóricoepistemológicos de las SOE1 y su adecuación a los nuevos objetos de estudio en los que pretende implementarse. Sin embargo, siempre quedará en tela de juicio si los SOE1 se ajustan a las necesidades y particularidades de los objetos de estudio en los que son aplicados, pues puede caerse en reduccionismos.

Se ha cuestionado a diversos enfoques disciplinarios por tomar conceptos, modelos o paradigmas de otras disciplinas como elementos importantes en la conformación de su objeto de estudio. Ejemplo de lo anterior puede encontrarse en las críticas al conductismo por haber tomado el paradigma de estímulo-respuesta de la física, o en el caso de Piaget, de haber llevado algunos conceptos de la biología, como el de homeostasis, y adecuarlos a su teoría como equilibrio. Cuando los modelos de las SOE1 se emplean para explicar otros objetos de estudio, de alguna manera se les modifica, y al encontrarse en un nuevo contexto adquieren otra connotación distinta de la inicial y pueden generar nuevas estructuras propias del objeto de estudio en el cual ahora se encuentran anidadas. De tal suerte que las derivaciones del conductismo skineriano superan el paradigma de estímulo-respuesta de la física, así como los planteamientos de la teoría piagetiana superan los conceptos biológicos de los que se derivan.

Podría decirse que en esos casos los SOE1 tiene una funcionalidad adecuada, pero no siempre llegan a un feliz término. Frecuentemente se encuentran casos en los que los SOE1, aunque inicialmente ayudan a explicar ciertos mecanismos, no son adecuados. Un ejemplo lo tenemos en el Modelo de Cambio Conceptual (MCC) que ha sido descrito por Posner, Strike, Hewson y Gertzog (1982) y trabajado más recientemente por Chinn y Brewer (1993), quienes advierten que entre las tendencias actuales en la enseñanza de la ciencia existe una técnica instruccional, que consiste en presentarle al estudiante información que contradiga sus ideas previas o presentarle evidencia que contradiga sus teorías pre-instruccionales; esta información o evidencia es denominada como *anomalous data*.

La razón de poner atención en estos datos anómalos es porque se considera que una de las formas en que se desarrolla o evoluciona una teoría de determinada disciplina ha sido el tener que enfrentarse a datos que no concuerdan con esa teoría. La manera en que han respondido los científicos ante esos datos anómalos, es precisamente lo que ha permitido el desarrollo de las teorías científicas. De ahí que se considere que las formas fundamentales en las cuales los científicos reaccionan a los datos anómalos, puedan ser idénticas o muy semejantes a las formas en que los adultos no-científicos reaccionan a tales datos (Brewer y Samarapungavan, 1991, citados en Chinn y Brewer, 1993). Así pues, la propuesta es que, al conocer cómo ocurre el proceso de razonamiento científico ante los datos anómalos se podría entender cómo es que los estudiantes pueden asimilar nueva información, que incluso sea contraria a la que ya poseen y logren un cambio en los conceptos que han desarrollado hasta ese momento. Esto, a su vez, permitiría que se diseñen e implementen estrategias didácticas, para posibilitar un cambio en los conceptos y teorías a enseñar, en función de los datos anómalos.

Específicamente, Chinn y Brewer (1993) proponen una técnica concreta que organiza la instrucción de la ciencia en la que se emplea el dato anómalo en la siguiente secuencia de eventos de aprendizaje, que corresponde a lo que usualmente ha sido llamada instrucción del cambio conceptual: 1.- Consideración de un escenario físico cuyo resultado sea desconocido. 2.- Predicción del resultado. 3.- Construcción de explicaciones teóricas competentes para apoyar las predicciones. 4.- Observar los datos (datos anómalos). 5.- Modificar las explicaciones teóricas competentes si es necesario. 6.- Evaluar las explicaciones competentes. 7.- Repetir los pasos anteriores con diferentes datos.

No obstante, hay que señalar que otras posturas teóricas que consideran también que el conocimiento se construye con base en los conocimientos previos, no han aceptado totalmente lo propuesto por el MCC referente a que el proceso evolutivo de una disciplina sea semejante ni siquiera isomorfo al proceso cognitivo individual de conocimiento, ni mucho menos al proceso que ocurre en el salón de clases. Según Pintrich, Marx y Boyle (1993) el MCC está basado en una posición organísmica metateórica, puesto que se asume que el cambio ontogenético en el aprendizaje de un individuo es análogo a la naturaleza del cambio en paradigmas científicos, que es propuesto por los filósofos de la ciencia y son similares en muchas formas a la teoría de Piaget. Estos autores señalan que, para explicar el proceso personal de incorporar una nueva información, debe aludirse más bien a un proceso de construcción realizado en una interacción entre individuos y que, estando en una situación educativa, la construcción individual de nuevos conceptos tiene una dirección convencional que está mediada por el profesor, y que, si bien está inmersa en la convencionalidad de la disciplina a la que pertenecen, no puede seguir naturalmente el curso que esos conceptos han seguido en la evolución de la disciplina. También proponen incorporar los factores culturales, sociales, personales y contextuales implicados en la categorización realizada por el individuo.

Por otra parte, aun resolviendo si es adecuado o no aplicar un proceso de cambio disciplinar a un proceso de cambio individual, quedarían pendientes otras preguntas. Dado que Chinn y Brewer (op. cit.) citan una serie de experiencias aplicando el MCC, desarrolladas principalmente en disciplinas tales como física, química y biología, cabría cuestionar si las estrategias didácticas derivadas de ese modelo son aplicables para diseñar la enseñanza de diversos conceptos en cualquier disciplina de las ciencias denominadas duras, o acaso deliberar si la enseñanza de las ciencias sociales es susceptible de realizarse a través de las técnicas derivadas del MCC.

Tomando una perspectiva más amplia, y suponiendo la aceptación fundamentada del MCC, hay que advertir que, para ser congruente con el planteamiento de ese modelo, no sólo la clase pudiera ser organizada en función de las ideas que subyacen al dato anómalo y al MCC, sino también podrían aplicarse a la estructura del programa de una determinada materia. Es decir, diseñar en ese programa, una secuencia de contenidos y de actividades que le permitan al estudiante contrastar sus conceptos previos con nuevos conceptos que contradigan de cierta manera los anteriores, les sean presentados datos anómalos que le permitan cuestionarse acerca de los conceptos para que reestructuren, resignifiquen la información poseída y se logre el cambio conceptual. Incluso, la secuencia de contenidos podría seguir el orden en cómo la disciplina ha evolucionado. Lo anterior implicaría entrar en el campo de la teoría curricular y se estaría incursionando en otra disciplina; nuevamente habría que valorar la pertinencia de emplear esos criterios.

Así pues a la pregunta referida a *la existencia de modelos elaborados por una disciplina que coincida en modelos propios de otra disciplina*, podría responder que realmente no, sino que existen paralelismos o isomorfismos, pues los SOE_1 aplicados en otros objetos de estudio se transforman y pueden perder su connotación original. Si se les mantiene sin transformación puede suceder que no den cuenta del nuevo objeto de estudio en el que fueron aplicados. De tal suerte que el empleo de SOE1 en diversos ámbitos o disciplinas, no deja de ser un ejercicio interpretativo que prácticamente puede tener resultados positivos, pero que hay que analizar teórica y epistemológicamente para juzgar su pertinencia. Esto abre la posibilidad de no emplear o aplicar SOE1 indiscriminadamente, sino pensar en otros modelos de conocimiento como sería el modelo interdisciplinario.

Si es que han surgido tanto intentos de aplicar los SOE1 a otros campos de estudio, surge de manera espontánea la pregunta sugerida por usted: *¿podría explicar, desde la psicología del aprendizaje, cómo se da la comprensión de la SIMILITUD de la estructura/sistema a pesar de la distinta naturaleza del objeto de estudio (*la cual implica, paradójicamente, aplicar los SOE1 de la psicología del aprendizaje a otras estructuras disciplinares)? Pero se puede hacer el ejercicio interpretativo bajo las posiciones piagetianas y conductistas, aunque quedaría pendiente analizar si es pertinente o no el realizar tal análisis.

Podría decirse que el enfoque piagetiano considera que un individuo ha aprendido cuando es capaz de elaborar una representación personal sobre un objeto de la realidad o un contenido que se pretende aprender. En este proceso, que no es la acumulación de conocimientos, el individuo atribuye un significado a un nuevo contenido, seleccionando y organizando informaciones que guarden relación con el conocimiento previo que posee. De forma tal que no sólo modifica lo que ya poseía, sino que también interpreta lo nuevo en forma singular. De tal suerte, podría suponerse que el hecho de que en algunas disciplinas se empleen SOE1 conocidos para dar cuenta de los nuevos objetos que se pretenden estudiar sería isomorfico al empleo de conocimiento previos. Así, los SOE serían los conocimientos previos que son los soportes o esquemas que permitirán interpretar y dar significado a la nueva información representada por los nuevos objetos de estudio. No obstante, como ya se comentó anteriormente, los SOE1 de alguna manera tienen que modificarse.

Desde la postura psicológica se propone que el individuo realice operaciones con la información que le es presentada y, como resultado de ellas, esa información se vea modificada o transformada en el sentido que se adecua a los esquemas que posee el individuo. En otras palabras: la incorporación de elementos de la realidad a esquemas previamente interiorizados por el individuo constituye lo que es denominado como asimilación; lo que a su vez constituiría el mecanismo subyacente al aprendizaje y es denominado como "aprendizaje en sentido estricto" (Piaget, 1975). Por otra parte, cuando el individuo ajusta esos esquemas previos a situaciones nuevas ocurre la equilibración y ésta, unida a la asimilación conforman el "aprendizaje en sentido amplio" (Piaget, 1975). Cabe señalar que para que puedan darse estos dos tipos de aprendizajes es necesario que el individuo reflexione (interiorice o abstraiga) acerca de las acciones que ha realizado sobre los objetos, para que de esta forma se logre un aprendizaje formativo que implica la comprensión de conceptos y relaciones de diversa índole y complejidad. Éste es todo un proceso de construcción de la realidad; de ahí que se considere al aprendizaje como un proceso de construcción de conocimiento.

Continuando con el ejercicio, cuando los SOE1 se transforman para dar cuenta de manera adecuada del nuevo objeto de estudio, ha ocurrido todo este proceso de reflexión o de contratación con la realidad implicado en las operaciones de asimilación y acomodación y que dará paso del SOE1 a un SOE particular y específico del nuevo objeto de estudio o de la nueva disciplina que le permitirá diferenciarse del SOE1.

Desde la postura conductista podría aludirse al proceso de generalización, cuando el individuo percibe que los estímulos nuevos tienen alguna semejanza con los conocidos a los cuales ha estado respondiendo de una manera determinada. Entonces responde de la misma manera a los estímulos nuevos. Visto desde este ángulo, los teóricos inmersos en el nuevo campo disciplinar o del nuevo objeto de estudio pueden considerar que guarda alguna semejanza con otros objetos de estudio o campos disciplinares ya establecidos y constituidos, y adoptarlos para este nuevo campo. De este modo se podrá crear una generalización en el de los SOE1. Posteriormente, se realizará la diferenciación de la respuesta en la que se observará que la respuesta al nuevo estímulo no es exactamente igual a la del estímulo original. Este proceso implicaría que el SOE1 se transforme a fin de conformar un objeto de estudio diferenciado para explicar el nuevo objeto de estudio.

Sin embargo, estos ejercicios realizados no sólo en estas líneas, sino también los que se realizan cuando se intenta llevar SOE1 a otros campos, como mencionamos anteriormente, pueden cuestionarse. Implican una forma de pensar la realidad de manera segmentada y que la posibilidad de unir esas partes es imponerles un uniforme que ya se tiene diseñado. En lugar de ver si existe la posibilidad de adecuar modelos surgidos en una disciplina y llevarlos a otra, se podría intentar concebir la realidad de otra manera, de manera totalitaria, y crear modelos generales que explicaran esa totalidad. Por el momento, aunque existen diversas aproximaciones para concebir la realidad como una totalidad, la solución más desarrollada y socorrida para solucionar tal segmentación es adoptar un enfoque interdisiplinario.

Las disciplinas surgen como un recorte de la totalidad, de la realidad, y van conformando campos de conocimientos especializados que se concretan al definir sus objetos de estudio y al generar sus propios modelos o paradigmas. De tal forma, hasta hace unos cuantos años, era común observar que cada disciplina contara con su propio sistema de conocimientos, categorías y conceptos para dar cuenta de la parte de la realidad que le correspondía estudiar. Esto permitía cuestionar algunas disciplinas o enfoques disciplinarios por tomar conceptos, modelos o paradigmas de otras disciplinas como elementos importantes en la conformación de su objeto de estudio.

El recorte realizado por la disciplina, en ocasiones, permite la especialización y profundización y, en otras, pone en evidencia que el objeto estudiado no puede abarcarse en profundidad, pues existen aspectos a abordar que quedan fuera de los límites impuestos en el campo disciplinar. Es preciso hacer notar que los campos disciplinares no son un reflejo de objetos reales sino que se conforman atendiendo a una interrelación de objetos teóricos y métodos históricamente construidos; lo que ha conducido a que las mismas disciplinas discrepen en relación a la definición de su objeto de estudio e incluso se llegue a afirmar que una de ellas, debido a las fragmentaciones internas, no es una.

Estas crisis en lo interno de las disciplinas han propiciado que poco a poco, se vaya creando una visión de la ciencia en la que se desdibujan las fronteras entre las disciplinas y se busca una interacción e integración entre disciplinas vecinas o afines.

La multidisciplina es el primer nivel de integración. Se busca información en varias disciplinas para dar cuenta de un fenómeno o un hecho, con la intención de encontrar algunos aspectos en común entre ellas. Las acciones mutidisciplinarias no enfatizan la comprensión integral de las últimas causas de los hechos estudiados, simplemente se llama a la cooperación entre varias disciplinas científicas para analizar y comprender un problema determinado. Desde esta perspectiva se enriquece la información y visión del hecho estudiado; sin embargo, la interacción no modifica en su interior y en su propio campo a las disciplinas intervinientes, y tampoco tiene la finalidad de explicar la intercomunicación existente entre ellas. Cabe señalar que un enfoque multidisciplinario resulta una buena opción para entender de manera íntegra el hecho estudiado. No obstante, no es la mejor orientación que se puede seleccionar, ya que en ocasiones se refuerzan las disociaciones preexistentes en las disciplinas.

La otra alternativa es el enfoque interdisciplinario, en el cual el hecho estudiado es tratado como un todo por representantes de distintas especialidades. Esto genera una nueva forma de conocimiento que se produce en la intersección de los saberes; es una forma holística de entender y abordar un fenómeno o un problema determinado. Esta perspectiva supone una puesta en común de los conocimientos de diversas disciplinas en la que se logra un mutuo enriquecimiento y la conformación de nuevos conceptos generales e integradores. En otras palabras: la interdisciplina consiste en una recombinación y reconfiguración de los conocimientos disciplinares cuando se aplican para estudiar procesos correspondientes a niveles ontológicos contiguos o distantes.

Es importante notar que el planteamiento de la interdisciplina implica un cuestionamiento a los criterios de causalidad lineal, y de alguna manera se opone a la segmentación de los fenómenos estudiados. Y aunque existe una aceptación de los enfoques interdisciplinarios, éstos no siempre se dan de la manera deseada y se quedan en enfoques multidisciplinarios.

Las relaciones que se dan entre las disciplinas pueden ser de diferente naturaleza: entre disciplinas científicas, entre disciplinas artísticas y entre ambos tipos de disciplinas. La manera en que se pueden establecer los vínculos o la integración entre diferentes tipos de disciplinas obliga a pensar si ese vínculo es pertinente o si la creación de un nuevo cuerpo de conocimiento, que implica la integración de las disciplinas, es lo suficientemente sólida.

En esta ocasión se aludirá a la interdisciplinareidad que pudiese establecerse en las disciplinas artísticas y en particular en el ámbito educativo musical. Los interrogantes planteados por Frega (2004) no tienen aún una respuesta clara y el análisis de ellos permitirá dilucidar si es factible hablar de interdisciplinareidad en la educación artística. El presente trabajo no pretende dar respuesta a tales interrogantes, sino presentar algunas reflexiones en torno a ellas y proporcionar algunos puntos que pudieran generar discusiones sobre el tema.

Quizás habrá que distinguir cuáles son los fines que se buscan al establecer vínculos entre las diversas disciplinas. Lograr un producto artístico único en el que confluyan diversas disciplinas artísticas, o elementos de éstas, puede tomarse como ejemplo de la interdisciplina en las artes. Un caso lo tendríamos en la ópera, en la cual se integran diversas disciplinas artísticas. También hay que mirar en las nuevas tendencias artísticas la propensión a buscar ese vínculo o fusión entre diferentes lenguajes artísticos.

Pero si el fin está en la enseñanza interdisciplinaria del arte habrá que tomar en consideración otros elementos (aunque no se excluyen necesariamente del caso anterior). Cabría preguntarse si en la enseñanza de diversas disciplinas puede establecerse la interdisciplinareidad y en qué forma podría darse ésta o si simplemente se caería en un enfoque multidisciplinario.

Por ejemplo: si se está interesado en enseñar algunos conceptos presentes en la literatura y se considera que pueden ser comprendidos mejor si se busca alguna semejanza o analogía con los elementos de la música, no necesariamente estamos creando un nuevo campo de conocimiento. Además, desde la manera en que se plantea el problema, no obedece a un proyecto holista que supone la interdisciplina. No obstante, por lo general, esto es lo que tenemos en diversos reportes en los que se señala que están realizando una educación interdisciplinaria o en los mejores casos se alude a que responden a propuestas de un currículum integrado. En ellos se busca la manera en que diversas disciplinas, tanto artísticas como científicas, pueden apoyarse unas entre otras y que los alumnos puedan establecer vínculos entre ellas y comprender mejor los conceptos incluidos en ellas.

Tal es el caso de Ioffredo (2003) quien propone una clase interdisciplinaria entre música y poesía. En ella, cada profesor de la asignatura de lectura y música plantea objetivos particulares que pretende lograr cada uno de ellos en su disciplina y de ahí estructura una serie de actividades en las que se unen elementos poéticos y musicales para lograr esos objetivos. Aunque el autor alude que con tal estrategia se crea una clase interdisciplinaria. Esto es cuestionable, debido a que cada profesor busca cumplir objetivos diferentes y está considerando el abordaje desde dos asignaturas del currículo; quizás esta propuesta sea conveniente considerarla como un buen ejemplo de una clase multidisciplinaria.

También se ha planteado la enseñanza interdisciplinaria a través de unidades temáticas que integren diversas áreas del currículum como las ciencias sociales, las matemáticas o la ecología con los distintos lenguajes artísticos. Una muestra de ello es la entonación de canciones en diversos niveles educativos que se ha tomado como un elemento didáctico para ayudar a que los estudiantes mejoren su redacción (Gfeller, 1987; Lofredo, 2004) y sus conocimientos sobre los temas que se abordan en las canciones (Bean, 1997; Lloyd, 2003; Galicia, 2005). Aun cuando existen diversos reportes que indican que, por ejemplo, unir la música con los conceptos ecológicos, desarrollar obras de teatro para expresar a través de ellas conceptos y problemas económicos, permite que los estudiantes comprendan más profundamente los contenidos de las asignaturas y cobren un sentido en sus vidas cotidianas, así como el incremento de actitudes positivas hacia la escuela. Ritter (1999) cuestiona este tipo de prácticas. Al respecto menciona que para crear un currículo integrado en los diversos reportes por ella analizados, se ha tomado la mirada y secuencia de una disciplina como esqueleto y sobre él se han adherido los conceptos de otras disciplinas. La propuesta de la autora es reflexionar y analizar de manera holista cuáles son los temas que realmente pueden permitir unificar conceptos a través de los diversos campos disciplinares, para realizar una propuesta pertinente de unidades temáticas. A esta consideración puedo añadir que aun cuando se realizara lo anterior, realmente se estaría abordando una enseñanza multidisciplinaria.

Otro nivel de análisis es cuando se recurre a otras disciplinas para dar explicaciones de comportamientos musicales. Un campo fértil es el que se conoce como cognición musical. Hay muchas investigaciones en las cuales se analiza una práctica musical desde la óptica de la psicología, la lingüística, la biología, la neurofisiología, entre otras disciplinas. Especialmente en la psicología cognitiva, se tiene un campo relativamente nuevo. Es en la década de los 80 que se empiezan a realizar abundantes disertaciones al respecto.

Un ejemplo son los trabajos de Serafine (1988) quien desarrolló diversas investigaciones entre las cuales destaca la dedicada a entender o explicar la conservación musical, pues posibilitaría conocer la comprensión que tienen los individuos de las relaciones entre los elementos musicales que componen un fragmento continuo de música. Esto permitiría no sólo conocer los mecanismos del procesamiento de la información musical, sino también facilitaría crear estrategias didácticas para la enseñanza de la música en general, y en particular a los niños.

Los reportes de esos trabajos, inicialmente evidenciaron reciprocidad en las tareas musicales y no-musicales, es decir, el logro de la conservación en número, cantidad y espacio está asociado con la conservación de la melodía o la medida musical. Estos datos incitaron a considerar que el logro de la conservación no-musical podría ser un predictor de la conservación musical. Asimismo, estas evidencias permitieron postular que la obtención de la conservación musical no es específica de la música, sino que se puede relacionar con otros logros cognitivos más generales (Serafine, 1988).

No obstante, estos datos y consideraciones deben ser leídos con cautela, pues el estudio de la conservación en otros campos no-musicales no presenta los mismos condicionantes ni dificultades que en el campo musical. En las tareas originales piagetianas, el niño ve alguna transformación del material y es preguntado por sus efectos. La transformación entonces es invertida para retornar a su estado inicial y sobre esas acciones realizadas por el experimentador, y en ocasiones por los niños, se realizan las preguntas. Con los estímulos musicales no es factible observar las transformaciones, tampoco se pueden tener a la vista, o más bien al oído, los dos estímulos musicales simultáneamente, porque los hechos musicales se desarrollan y están ordenados en el tiempo. De tal suerte que en este tipo de estudios –técnicamente hablando– se realiza una distinción de identidades, nunca de equivalencias como se pretende en las tareas piagetianas. Tampoco se puede dar la reversibilidad, pues el niño no puede observar la transformación inversa de la melodía a su estado original. Estas apreciaciones han llevado a los investigadores a cuestionarse si la conservación musical es un constructo válido que ayude a comprender la cognición musical (Lacárcel, 1995) y, por ende, aplicable en la enseñanza de la música. También abre la discusión sobre la pertinencia de emplear conceptos de una teoría de una disciplina determinada, con un objeto de estudio propio, para aplicarlos a otras disciplinas.

Los estudios sobre el lenguaje y su relación con la música han sido otra área de la cognición musical en la que han confluido diversas disciplinas. Desde allí se puede ir construyendo poco a poco un espacio interdisciplinario. Numerosos trabajos muestran una estrecha relación entre las actividades musicales y diversos aspectos verbales. Esto fortalece la investigación desde diferentes facetas, pero aún no hay datos suficientes para esclarecer esa relación. Por ello, es un poco aventurado expresar que así como se aprende el lenguaje materno es factible aprender la música; en ese sentido, es aventurado también iniciar al niño en ésta con ejercicios imitativos entre padre e infante como propone el método Suzuky. Al margen de los resultados que pudieran tener los docentes con sus alumnos bajo esta metodología, el principio al cual alude tal método es expuesto de manera poco fundamentada. No se menciona alguna teoría particular del aprendizaje del lenguaje, pues existen varias en el campo de la psicología y en el de la lingüística. El adoptar algunas de ellas esclarecería más la metodología musical ya que se podría también atender a los principios epistemológicos de la teoría y ver si son compatibles con los de la enseñanza de la música.

Algunas investigaciones han analizado la relación entre la prosodia y la música (Samson, Ehrlé y Baulac, 2001 y Lerdahl, 2001). Sostienen la existencia de una simetría o paralelismo entre la música y el lenguaje. Algunos productos lingüísticos se examinan empleando categorías conceptuales de la música, aunque también se han utilizado instrumentos lingüísticos para explorar a la música. Los datos encontrados sugieren varias hipótesis, entre ellas se destaca la que propone una concordancia en la codificación y organización de estímulos musicales y verbales, en coincidencia con lo que otro tipo de investigaciones han evidenciado: que las mismas funciones cerebrales pueden verse involucradas en el procesamiento de la estimulación musical y lingüística, o realizarse en las mismas localizaciones de la corteza cerebral.

De tal suerte que sería deseable que en este campo se fortaleciera la confluencia de diversas disciplinas en un primer momento en forma multidisciplinaria y dar paso así a la interdisciplinareidad.

Existen otras propuestas que sostienen la existencia de un paralelismo entre música y lenguaje (aunque hay quienes se aventuran a hablar de una interrelación) y han presentado toda una serie de gramáticas musicales. Entre ellas se destaca la planteada por Schenker, quien retoma la teoría lingüística desarrollada por Chomsky y la emplea para explicar la estructura musical. De manera sencilla, se puede decir que la estructura superficial propuesta en la lingüística chomskiana encuentra una analogía o correspondencia en una frase musical por las relaciones melódicas, y la estructura profunda, en las relaciones armónicas. No obstante el problema más difícil de resolver para las teorías generativas de la música, y sus consecuencias inductivas sobre la cognición musical, es sin duda el del surgimiento, en el comienzo del siglo XX, de corrientes musicales que no se sustentan en absoluto sobre los principios jerárquicos de la gramática tonal (Imberty, 2001). Así pues, no es suficiente aludir a principios de unas disciplinas para dar cuenta de otras. Es preciso analizar profundamente la integración que se pretende hacer entre ellas y atender a los datos provenientes del ámbito de la investigación para esclarecer el vínculo entre el procesamiento de la información musical y lingüística. Hay que tener cautela para integrar diversas disciplinas, para ir conformando un campo interdisciplinario; en particular, se requiere una mayor reflexión para poder desprender de esa integración una propuesta didáctica pertinente que supondría no la enseñanza de la música sino la enseñanza de un campo interdisciplinar.

Podría considerarse que en este nuevo siglo empezará a conformarse una disciplina cuyo objeto de estudio sea la cognición musical, aunque sería deseable que fuera abordada realmente como un campo interdisciplinar pues, aun cuando existen una gran cantidad de temas y problemas que hasta el momento han sido estudiados, todavía quedan pendientes datos empíricos a ser constatados. Principalmente se requiere de la integración y estructuración teórica de todos esos elementos, que hasta el momento no se ha realizado de manera satisfactoria.

Bibliografía

Frega, Ana Lucía (2004). "La interdisciplinareidad como concepto operativo en investigación musical". Ponencia presentada en el Encuentro Anual de la Sociedad Brasileña de Musicología.

Ioffredo, Renee S. (2003). "Interdisciplinary Arts Education: An Examination Through Action Research Visions of Research in Music Education. Volume 3", February, http://musicweb.rutgers.edu/vrme.

Ritter, Naomi (1999) "Teaching Interdisciplinary Thematic Units in Language Arts ERIC Clearinghouse on Reading, English, and Communication Digest". #142 Digest #142, EDO-CS-99-03, publicado en Noviembre de 1999.

Violeta Schwarcz López Aranguren contesta…
Reformula las ideas propuestas en un camino de interrogantes propios:

¿Existen estructuras o sistemas elaborados por una disciplina que coincidan con estructuras o sistemas propios de otra disciplina?
En primer lugar, esta pregunta nos remite a cuestionarnos sobre el concepto de estructura y sistema, y por otro nos reenvía a la problemática del recorte de una perspectiva epistémica que es el "estructuralismo".
Si delineamos un comienzo, lo lógico sería empezar por definir lo primero, la estructura. Prefiero especificar como preámbulo que el estructuralismo, con todas sus variantes ideológicas y vertientes enfocadas a cada área de conocimiento, se puede caracterizar no como una postura ideológica, valga la "no" redundancia, sino como una perspectiva teórica, de vocación científica que se puede captar sobre los "objetos" a los que se le aplica.
Así, comenzamos a encaminar la mirada no ya hacia una disciplina sino a un método. Un método que se ha construido, como procedimiento de lectura, como herramienta de mirada hacia los problemas en las **ciencias que tratan del signo.**
Desde la antropología hasta la lingüística, desde la psicología hasta la matemática, de la biología al arte, operamos con signos. Es decir, creamos y comprendemos los sistemas a partir de generar, de concebir de manera representacional, ya que un signo no es más que una cosa que está en lugar de otra. Si decíamos que el estructuralismo se ocupa de las ciencias del signo, diremos que se ocupa en relación a poder comprender cómo se comportan un conjunto de elementos, cómo se relacionan y, a partir de estas configuraciones, cómo se expresan. Cómo emerge un sentido propio de esa configuración a diferencia de otra.
Si comenzamos a dar luz a estos conceptos podríamos retomar como definición básica de estructura o sistema a un conjunto de elementos, más las relaciones internas o intrínsecas entre esos elementos.
Lo que caracteriza a una estructura es que la modificación aunque sea de un sólo elemento, ya conlleva la constitución de una nueva estructura, puesto que se modifican todas las relaciones internas entre

los elementos. Se produce una nueva configuración, se genera un nuevo sentido. Lo que implica que el análisis estructural rompe con la mirada "atomista" de supravaloración de los elementos o partes aisladas, de la parte por la parte en sí.

Si nos enfocamos desde la psicología deberíamos remontarnos al postulado básico que nos presentó la Escuela de la Gestalt o Escuela de la Forma, ya que esta corriente es la que inicialmente esboza el concepto de estructura o, dicho de otra manera, trabaja el germen que luego será retomado por otras líneas y llevado a su máxima expresión, como el cognitivismo, el constructivismo, la sistémica. El postulado enuncia que "el todo es más y diferente que la suma de las partes".

Este enunciado que fue construido a partir de la preocupación de los teóricos alemanes sobre la percepción, da cuenta a partir de estudios experimentales centrados en la percepción visual normal, que cuando percibimos los sujetos lo que captamos en primera instancia son estructuras organizadas. Todos o gestalts, que se nos imponen justamente por su nivel de configuración, que sólo a posteriori de captar la estructura podemos analizar en forma secundaria y artificial cuáles son los elementos o partes que la constituyen y qué relaciones están dispuestas. Son tan relevantes esas relaciones, o juego de fuerzas, como los elementos constitutivos.

Percibiendo las partes aisladas nunca llegaríamos al todo, sumando elementos disgregamos el campo, lejos de captarlo en su propia dimensión, destruimos el sentido.

Un ejemplo claro de lo planteado aquí es el caso del movimiento estroboscópico, que opera en los carteles luminosos. Cuando nos paramos frente a un cartel luminoso y lo describimos objetivamente ¿qué vemos? Vemos que la luz se mueve desde arriba hacia abajo o de izquierda a derecha. Pero, en términos físicos, ese movimiento no tiene existencia, ya que lo único que presenta el cartel es una serie de bombitas de luz que se prenden y se apagan a pequeños espacios de tiempo. Pero para los sujetos, se construye la idea de un movimiento en términos físicos aparente, que en términos de la percepción normal de la realidad tiene existencia.

¿Y por qué? Porque lo que se impone es esa configuración, no los elementos dispersos. El cine justamente se basa en ese efecto perceptual o ilusión óptica. Si no percibiéramos estructuras organizadas, la experiencia del cine no tendría entidad, sólo tendríamos imágenes estáticas, el salto de una fotografía a la otra; y nuestra realidad sería muy diferente, estaríamos rodeados de luces que titilan.

Auditivamente, ¿cómo sería el sonido? Si algo es el sonido, es esto que escuchamos como una unidad, como una entidad, una gestalt. Los especialistas saben bien que el sonido, o una nota, por ejemplo DO, no es una, sino el producto o resultante de varios parámetros. Acústicamente hablando, el sonido es una resultante de la suma de sinusoides, el entrecruzamiento de ondas progresivas que se chocan en su desplazamiento por el aire; si no, no habría sonido, ya que no sería audible. Audioperceptivamente, nos referimos a la articulación de parámetros específicos o aspectos constitutivos a nivel de timbre, calidad sonora, intensidad, duración y altura. Sin embargo el sujeto desde su realidad perceptual en la vida cotidiana, no se da cuenta, lo que escucha es un sonido, una gestalt o estructura, que a posteriori un grupo de expertos podría analizar. Aunque también ellos mismos si remiten a nivel fenomenológico a su escucha, perciben una unidad estructural. Esto nos introduce en la problemática de lo uno y lo múltiple.

Desde la psicología del aprendizaje, ¿cómo se da la comprensión de la similitud de la estructura o sistema a pesar de la diferente naturaleza del objeto de estudio?

Decíamos en un principio que el estructuralismo como perspectiva de mirada permite analizar en términos teóricos y luego, a partir de la aplicación a diferentes objetos de estudio, una herramienta que funciona como analogadora de distintos sistemas. En primer lugar cabe aclarar que no es un forzamiento realizar estos procedimientos ya que lo que emerge y debemos identificar son las características generales de toda estructura.

Si retomamos a Jean Piaget (1985) en su análisis estructural de la inteligencia, desde la preocupación de cómo los sujetos vamos construyendo conocimiento, cómo se produce el pasaje de un estado más simple a uno más complejo del pensamiento; lo que ubica es que podemos encontrar aspectos comunes a todas las estructuras: su inteligibilidad intrínseca, es decir, una estructura se basta a sí misma y no requiere para ser aprehendida que se recurra a elementos extraños a su naturaleza. El sentido emerge por su propia configuración, no por la articulación con significantes excéntricos a ella. Y a su vez diferentes estructuras, sean naturales o artificiales, refieren a diferentes objetos de la realidad, comparten para llegar a constituirse en estructuras propiedades tales como de totalidad, de transformación y de autoorganización.

Como sistemas de transformaciones, hacemos referencia a que un sistema implica leyes, por oposición a las propiedades de los elementos y que se conserva y se enriquece mediante el juego de esas transformaciones, sin que éstas concluyan por fuera de sus límites o fronteras necesitando de elementos exteriores. Otra vez remitimos a que una estructura, ahora como sistema de transformaciones sobre sí misma, no necesita construir el sentido por elementos explicativos externos a su entidad, lo cual se articula con las propiedades de totalidad y autoorganización.

Si hablamos de transformaciones, hablamos de procesos que generan y van modificando a las diversas estructuras, sean naturales o construidas por el hombre; pero también en su estudio, tanto diacrónico como sincrónico, podemos concluir que toda estructura puede dar lugar a una formalización. Y qué es una formalización: es justamente poder dar cuenta de la configuración, analizar su constitución, ver cómo se modifica en el tiempo y poder traducir esos comportamientos a otro lenguaje, es decir, mediante otra estructura de sentido. No necesitaremos reproducir el objeto, en tanto estructura, sino que podremos operar a otro nivel de abstracción, matematizarlo, teorizarlo, sin perder su esencia. Realizar el pasaje de lo concreto a lo abstracto, operar con modelos, tanto para la comprensión como explicitación del objeto en sí, en sus diferentes dimensiones.

Es éste el núcleo de un pensamiento estructural, ya que modelizando reconstruyendo y construyendo el objeto de estudio, de una disciplina a la otra, nos permite compararlo, tanto en sus diferencias como en sus similitudes, operar a nivel del sentido.

El aprendizaje remite a estos movimientos de construcción dialéctica, donde desde la experiencia concreta con los objetos podemos pasar a representarlos mentalmente como un sistema, lo que implica haberlos internalizado para poder operar con ellos en otro tiempo y espacio. Lo que se va co-construyendo en este proceso son las estructuras mentales; es la estructura de la inteligencia que se genera en tanto podemos generar y construir a partir de informaciones, las estructuras de la realidad.

Desde la teoría de la información, la inteligencia artificial, con todos los avances tecnológicos posmodernos nos ha permitido comprender cómo tanto nuestro organismo, como la naturaleza, se desenvuelven en este proceso, no en forma escindida, ni aislada, en la mera acumulación de información, sino en el armado de sistemas, que nos van armando a nosotros, como estructuras pensantes. Un salto cualitativo es realizar este pasaje donde lo nuevo se organiza en una estructura de sentido, que será una nueva herramienta para la comprensión de otros sistemas, de diversos objetos tanto concretos como abstractos, reales o teóricos.

Poder establecer las analogías de un sistema, de una disciplina a la otra, es el puente para la creación de nuevos objetos y explicaciones para que se generen nuevos cuestionamientos. Si algo conocemos es a partir siempre de conocimientos anteriores, siempre en la comparación que permite hacer emerger la diferencia. Esta herramienta comparativa es la que sostiene la nueva generación de sentido. Que algo se elabore y se resignifique es lo que permite que no nos quedemos en la mera repetición, que no constituye nada nuevo sino que nos cristaliza en el dato por el dato en sí, en la parte por la parte aislada. La información que no llega al nivel del conocimiento es un presente continuo donde los elementos al estar todos al mismo nivel, sin relaciones de asociación, no presentan valor ni jerarquía, no son clasificables, no pueden llegar a tipificarse; es decir, no podremos llegar a apropiarlos en tanto no presentan significación, ya que no se la podremos atribuir.

¿Qué operaciones realiza el sujeto al aprender, descubrir, comprender?
Aprender como venimos trabajando hasta aquí, es un proceso en donde el sujeto puede internalizar algo que no le es propio y otorgarle un sentido dentro de su propia estructura mental. ¿Qué quiero decir?: algo que se nos presenta como ininteligible no podrá ser incorporado. ¿Qué es algo ininteligible?: algo que para nosotros no tiene sentido, que no podemos llegar a abordar ya que no le encontramos ni la significación como "objeto" en sí, ni por ende la funcionalidad. No podremos tomarlo ni operar con él.

Aprender, descubrir, comprender, son instancias de un proceso dialéctico en el cual el sujeto comienza explorando la realidad circundante. Es mediante las acciones efectivamente realizadas con los objetos de su contexto, en un principio, que comenzará a incorporar la información que extrae de ellos.

Es a partir de las sensaciones en su propio cuerpo, que irá construyendo en forma gradual la representación interna de ese objeto externo. Pero no olvidemos que el percibir como dijimos en un comienzo, se produce como una captación de la totalidad en forma de configuración, puesto que la posibilidad de comprensión está dada a partir de poder atribuir un sentido. Es asociando, relacionando, dando cuenta de las interacciones, que emerge la constelación del sentido.

Hablamos de un verdadero proceso de aprendizaje cuando se puede generar la diferencia entre la mera repetición y la construcción. Es decir, la constitución de una habituación, de un hábito, es el primer escalón del proceso; pero sólo para determinado tipo de adquisiciones. Cuando hablamos del hábito hacemos referencia a una secuencia de acciones que se repiten en el tiempo. Esa secuencia surge a partir de un primer momento, en el que el sujeto explora todas las formas posibles de interactuar con un objeto en función de un propósito determinado.

Pero una vez hallada según un modelo que se toma como referente, es mediante la imitación que se deja de probar todas esas formas posibles, llegando a un equilibrio donde se reduce el gasto de energía física y psíquica para arribar al mismo fin. De ahí en más, internalizando esa forma, la repetiremos sin cuestionamientos futuros, la externalizaremos. Pero como vemos, esas acciones secuenciadas y sistematizadas en el tiempo, como modos, nos permiten operar a nivel concreto en la realidad de la vida cotidiana.

No instauran, ni crean nada nuevo. Pero a su vez son necesarias para que la energía sea volcada a otros espacios, pudiendo construir conocimiento. Dicho de otra manera, el conocimiento no radica en "saber hacer con..." sino en elaborar respuestas ante preguntas que se irán complejizando; en tanto las respuestas no alcanzan y las preguntas se multiplican. Es decir, al operar con abstracciones, éstas condensan una multiplicidad de significados. Para llegar a ese nivel de comprensión tendremos que accionar a partir de las diferentes dimensiones que el problema nos plantea. No reduciendo la explicación a una sola variable.

Si tomamos en cuenta la complejidad, tanto a nivel cuantitativo como cualitativo que nos presenta la actual posmodernidad, veremos que el proceso en que estamos inmersos los sujetos no radica en la mera acumulación de la información y repetición de experiencias.

Desde la velocidad en que circula y se transforma la información hasta la complejidad de avances y explicaciones teóricas sobre mismos "objetos", nos damos cuenta de que los procesos mentales para su comprensión, tienen que elaborarse también en concordancia a esa complejidad.
Es decir, la distribución entre externo e interno hoy, podríamos decir que está perdida. Ya que, ¿son los objetos los que se han ido complejizando o nuestra mirada, en tanto abordaje, es más especializada?
Ni lo uno, ni lo otro. Hoy sabemos que la realidad no es más que esta construcción significante del segundo orden que atraviesa a la realidad del primer orden. Que es, a partir de atribuir ese orden de sentido, ese valor o significación que las "cosas son". Por más que la experiencia del sentido común, naturalizada, pareciera decirnos todo el tiempo que las "cosas son así", que es un problema externo y que sólo nos queda acercarnos en más o en menos a la explicación, como mera lente que sirve para describir lo otro, como si nosotros, los sujetos, no construyéramos esa realidad.
"Es la globalización", argumento que se escucha o "el sistema se cayó". Ni la globalización ni el sistema tienen vida propia. Este pensamiento reificado, de animización de la realidad, lo único que pone de relieve es el desplazamiento de la responsabilidad, donde los sujetos en contraposición quedamos cosificados dependiendo de factores externos. Globalización, sistema, son productos humanos, son significados construidos en determinado contexto socio-cultural en función de determinadas acciones y explicaciones. Son atravesadas por variables y dimensiones tanto semióticas, ideológicas, psicológicas, sociológicas como antropológicas, que a su vez hablan de nosotros que producimos determinados productos, determinados pensamientos que a su vez nos producen a nosotros mismos.

¿Imitación, copia como modelo de aprendizaje, diferente del aprendizaje significativo?
Retomar la distinción entre repetición y diferencia es marcar este salto cualitativo entre el modelo de aprendizaje como copia y lo que se denomina el aprendizaje significativo. El primero se encuentra cerrado en sí mismo, como mucho su valor radica en permitir resolver alguna situación problemática con cierta eficacia en determinado espacio. Es el aprendizaje de "receta", donde el acento está puesto en

el procedimiento como si el valor de verdad pudiese estar contenido por dentro de "esas acciones" y además lo que refleja es que existe esa única verdad.

No cuestiona, ni abre a nada nuevo y sobre todo no permite que el sujeto se desarrolle. Nos coloca en una posición homogeneizadora, sin distancia, ni diferencia con una máquina o miembro de una especie animal que responde, donde la diferencia subjetiva queda aplastada.

Si algo nos caracteriza como sujetos, es la diferencia; y si algo nos análoga, es que nos constituimos gracias al lenguaje. Es el lenguaje, la posibilidad de construir significaciones, lo que nos conforma y nos diferencia.

Hacer referencia al aprendizaje significativo es realizar un giro de ciento ochenta grados, donde el acento estará puesto en el sujeto que construye conocimiento en tanto este producto tenga un sentido para él, que a su vez objetivado comenzará a formar parte del universo simbólico que lo sostiene, como matriz para la creación de nuevos pensamientos, de nuevos significados, de nuevos conceptos.

¿Cómo se relaciona con el modelo del "pensamiento complejo" de Morin? ¿Con la noción de competencia?

Cuando se hace referencia a "competencias" de un sujeto debemos aclarar que son constructos o definiciones que se realizan a partir de la inferencia y conceptualización de ciertas capacidades o características de las personas que le permiten comportarse o desempeñarse de una determinada manera, con un determinado nivel, dentro de un espacio delimitado o área circunscripta a una praxis. Esas inferencias pueden referirse a diversas categorías psicológicas como habilidades interpersonales, sociales, cognitivas, emocionales o a actitudes como la flexibilidad, la adaptabilidad, la proactividad, o a conocimientos específicos no técnicos sobre determinadas áreas de interés, o a motivaciones como la orientación al poder, a la afiliación, a los logros.

En cualquier caso, estas características se expresan generalmente como "capacidad para", que se hace observable a través de comportamientos que los sujetos realizan en determinadas situaciones de la realidad. Cuando se evalúan las competencias, esos comportamientos de las personas están destinados a lograr resultados superiores, estándar o mínimos.

Todo lo dicho hasta aquí entra en conexión lógica con el pensamiento complejo de Morin, ya que si hacemos referencia a la complejidad desde esta perspectiva ella remite a la emergencia de procesos, a hechos u objetos multidimensionales, interactivos, que presentan componentes de aleatoriedad, azar e indeterminación, que conllevan para su aprehensión a grados irreductibles de incertidumbre. Esto exige al sujeto una forma de pensamiento reflexiva, no reductiva, polifónica, no totalitaria ni totalizante.

Etimológicamente el significante complejidad, de origen latino proviene de *complectere* cuya raíz *plectere* significa trenzar, enlazar. El prefijo *com* añade el sentido de la dualidad de dos elementos opuestos que se enlazan íntimamente, pero sin anular su dualidad.

En castellano, complejo con su variante *complexo*, del latín *complexus* significa "que abarca" derivando a *complexio* que significa ensambladura o conjunto.

Si articulamos y redefinimos estos significantes a partir de la complejidad, podríamos decir que es un tejido de constituyentes heterogéneos inseparablemente unidos, que presentan la paradójica relación de lo uno y lo múltiple. La complejidad es este tejido de eventos, acciones, interacciones, retroacciones, azares, que constituyen nuestro mundo fenoménico.

Incorporando estos conceptos en relación al conocimiento y el pensamiento se recupera, por un lado al mundo empírico, la incertidumbre, la imposibilidad de lograr la certeza, de formular una única ley, de concebir un orden absoluto. Y por otro es asumir la dificultad irremediable para evitar contradicciones lógicas en el avance de los conocimientos y la comprensión.

Paul Valery (1945) denomina al estado *implexo*, como estado en que se encuentra el sujeto que es sorprendido hasta ser sobrepasado, como la capacidad de sentir, reaccionar, hacer y sentir de parte de ese sujeto que intenta recomponer sus habilidades y maniobrar sus pensamientos en búsqueda de nuevas estrategias frente a lo real.

El pensamiento complejo como respuesta ante la fragmentación y dispersión de los conocimientos, establece para la rearticulación criterios o principios generativos contenidos en el método. Estos son: principio sistémico u organizacional, holográmatico, de retroactividad, de recursividad, de autonomía/dependencia, dialógico y principio de reintroducción del cognoscente en todo conocimiento.

Recapitulando y sintetizando las ideas centrales desde esta perspectiva, la investigación social del segundo orden plantea que la realidad no es algo que está afuera del sujeto, sino que se va construyendo a partir de un conjunto de interacciones y consensos de significados entre los sujetos. Por lo tanto, ese sujeto no se encuentra excluido del proceso de conocimiento –forma parte de él– y por ende la investigación tampoco se puede considerar exterior puesto que ya es en la acción del conocer que se esté modificando a quien está conociendo. El pensamiento complejo desde su propuesta interdisciplinaria plantea, ante todo, un pensamiento que relaciona en oposición al modo de pensar tradicional, que divide el campo de los conocimientos en disciplinas atrincheradas y clasificadas. En contra del aislamiento de los objetos de conocimiento, se reubican y reposicionan en su contexto de emergencia y producción, pensando simultáneamente lo que se está investigando y las operaciones de quien investiga.

La complejidad de lo educativo, considerado como estructura, rebasa ampliamente la visión disciplinar. No es sólo psicología o sociología, semiótica o pedagogía, lo que nos puede acercar a la construcción de conocimiento; es la posibilidad de ver lo esencial de las relaciones en juego y el tipo y nivel de conocimientos que involucra.

Bibliografía

CALABRESE, O. *El lenguaje del Arte*, Editorial Paidós, Buenos Aires, 1997.

DAIX, BARTHES, BENVENISTE. *Claves del Estructuralismo*, Editorial Calden, Buenos Aires, 1969.

ECO, U. *Interpretación y Sobreinterpretación*, Cambridge University, EEUU, 1995.

IBÁÑEZ, Jesús (comp.) *Nuevos avances en la investigación social. La investigación social de segundo orden*, Antrhopos, Barcelona, 1990.

IBÁÑEZ, Jesús *El regreso del sujeto. La investigación social de segundo orden, Siglo XXI*, Madrid, 1994.

MATURANA, H., *La realidad: ¿objetiva o construida?*, Editorial Anthropos-UIA-ITESO, México, l995.

Morin, E. *"En el pensamiento complejo contra el pensamiento único",* entrevista realizada por Nelson Vallejo Gómez, en Sociología y Política, Nueva época, año IV, núm. 8, México, 1996.

Piaget, J. *La construcción de lo real en el niño,* Ed. Grijalbo, Barcelona, 1985.

Piaget, J. *La función del símbolo en el niño,* Ed. Planeta-De Agostini, Barcelona, 1985.

Samaja, J. *Semiótica y Dialéctica,* Editorial Episteme JVE, Buenos Aires, 2000.

Saracho, J.M. *Un modelo general de gestión por competencias,* Ril editores, Santiago, Chile, 2005.

Fin de las respuestas de Violeta e Iris...

Con estos dos magníficos aportes esclarecedores, sus referencias al tema que nos ocupa, ¿cuáles serían las respuestas a los interrogantes de nuestra búsqueda enunciados en el primer capítulo?

Algo se hace evidente: son distintas las posturas desde las cuales se hacen las respuestas. Visiones desde "escuelas de psicología del aprendizaje" son complementadas por otras que –si bien no las excluyen– las proyectan en otro nivel de interpretación, el propio de la psicología social.

No me animo a asumir respuestas que definan "definitivamente". Pero se hace evidente que la dificultad del "aprender a aprender" que desvela a los pedagogos de casi todo el mundo –lema de la UNESCO y de su Comisión para la Educación en el Siglo XXI– no acepta ni tolera la instauración de recetas definitivas, de paradigmas de unívoco sentido.

En lo personal, me siento cómoda en el marco de la transdisciplinariedad, entendiendo que cada disciplina responde a alguna organización y estructura que logra significar, pero que busca a la vez relaciones y correspondencias.

No cristaliza, sino que permite el pensamiento que traspone, que relaciona, que encuentra analogías y metáforas, que crea y recrea constantemente las comprensiones.

Con este tipo de conclusión *in mente*, he pensado los ejemplos que aparecen en los capítulos siguientes.

En el tercero, doy la palabra a dos destacadas colegas argentinas, mis alumnas alguna vez, que piensan sobre el tema, que experimentan, que buscan.

En el cuarto, iremos de la mano hacia un informe de otro colega mexicano.

Capítulo 3

La inter-trans-co-multi... dos ejemplos

Diana Fernandez Calvo - María Angélica Bustos

Diana Fernandez Calvo, compositora, musicóloga, interesada por temas de la educación, hace tiempo preocupada y ocupada por el tema central de este libro, ha aceptado compartir con el lector un material que nos remonta a una obra que –hace no mucho– hemos publicado en coautoría. Se trata de *Sonido, Música y ecoacústica*, hoy en proceso de revisión. Le cedo la palabra:

Interdisciplinariedad en el aula. Unidades Didácticas, Fichas de actividades y Cápsulas de contenidos secuenciados

Teniendo en cuenta el marco teórico correspondiente a este libro, en este trabajo se ha entendido la interdisciplinariedad como una práctica, una forma de encarar el conocimiento y una manera de mirar temas y problemas y de convertirlos en objetos de investigación o de estudio. Desde esta mirada, el proceso de enseñanza-aprendizaje, en cualquier nivel de aproximación, puede ser caracterizado por diferentes abordajes (música como lenguaje del arte, enseñada por el docente especializado, y música como material de la física, la anatomía, la percepción, la tecnología enseñadas por el docente de ciencias o el generalista), desde los cuales, el enfoque interdisciplinar es enriquecido a través de experiencias de aula factibles y creativas.

En el libro *Sonido, Música y Ecoacústica*[4] (de próxima re-edición) he enfocado las posibles experiencias de interdisciplinariedad, diseñando actividades referidas a los diferentes procesos de abordaje del sonido desde la acústica, la organología, la tecnología digital aplicada a la música, la historia y los procesos creativos.

---

[4] FREGA, Ana Lucía; FERNÁNDEZ CALVO, Diana. *Sonido, Música y Ecoacústica*. Buenos Aires, Editorial Marymar, 2000 (pp. 133-174).

Las unidades didácticas fueron estructuradas teniendo en cuenta los objetivos, los contenidos y los perfiles de la etapa de formación a la que están dirigidas. Se ha incursionado en esta parte en la enunciación de contenidos tanto conceptuales como procedimentales. Estas unidades se presentaron organizadas en forma de fichas para ilustrar la enunciación de contenidos aplicables, estructurados como instancias operativas de adquisición, de ejercitación, de fijación y de evaluación. Las fichas fueron pensadas como disparadores de orientación dentro de las cápsulas secuenciadas y pretenden ser ejemplificaciones descriptivas de los distintos momentos del proceso. Cada una de ellas presenta actividades posibles que funcionan como disparadores de otras propuestas que puedan surgir de los docentes de las diferentes áreas.

A su vez, teniendo en cuenta que cada tema posee un eje conductor característico, se organizaron los contenidos en cápsulas secuenciadas. De esta manera, cada eje permite guiar el abordaje en los distintos niveles del proceso de enseñanza-aprendizaje y a su vez enlaza los diferentes niveles de ampliación, que se pueden realizar a lo largo de un proceso de crecimiento físico, intelectual y madurativo.

Debido a ello, un mismo tema puede encararse desde las diferentes ópticas del paisaje de la edad a la que se apunta y ser evaluado teniendo en cuenta los contenidos procedimentales desarrollados en cada etapa de escolaridad.

A continuación, se desarrollarán algunos ejemplos referidos a una sola cápsula de contenidos consignados en la publicación citada.

Cápsula I
El entorno auditivo

Objetivos centrales

- Registrar información del mundo circundante.
- Explorar los sonidos del entorno y analizarlos.
- Estudiar los sonidos de la naturaleza, los sonidos mecánicos y los modos de amplificación y procesamiento de los instrumentos musicales.

- Contextualizar la estética musical dentro de los procesos históricos y sociales.
- Registrar los avances tecnológicos en la emisión, reproducción y procesamiento de los materiales sonoros.

Objetivos complementarios

- Adquirir nociones sobre el comportamiento del sonido en el mundo físico.
- Abordar el funcionamiento acústico de los instrumentos de acuerdo con la tecnología, la estética y la función histórica de cada época.
- Dimensionar el impacto de la reproducción mecánica del sonido en la historia y en la cultura.
- Acceder a la noción de impacto comunicacional a través de la revolución digital, la Internet y los medios de reproducción del audio.
- Enriquecer el concepto de creación.

EGB III
Unidad didáctica I
Los sonidos del Mundo
Instrumentos musicales

1- El sonido que nos rodea.
2- Clasificación de instrumentos.
3- Agrupaciones y estética del sonido.
4- Organología musical.
5- Procesamiento del sonido en computadoras.
6- Análisis y edición de ondas.

Ficha I – Unidad 1
Instrumentos musicales

Actividades

1- Escuchar una grabación que el profesor ha elegido. (Mencionar: autor, época, forma musical, estética del período.)

2- Identificar auditivamente qué instrumentos intervienen en ella. (Corroborar con la ficha del docente la orgánica de la partitura.)

3- Confeccionar una lista de los instrumentos intervinientes, agrupándolos de acuerdo con su clasificación organológica. (Indicar cuál es el criterio de clasificación. ¿Por el material vibrante? (viento, cuerdas, etc.) ¿Por el tipo de producción? (lenguetas, arco, etc.).

Ficha II – Unidad 1
Clasificación de instrumentos

Actividades

1- Describir esos instrumentos detallando los siguientes aspectos:
- Tipo de producción sonora.
- Cuerpo vibrante.
- Características de construcción (materiales, accesorios, forma de fabricación).
- Época en la que nace cada instrumento con la forma característica de la versión escuchada.

Ficha III – Unidad 1
Agrupación instrumental

Actividades

1- Describir la atmósfera sonora de la interpretación detallando los siguientes aspectos:
- Tipo de textura instrumental.
- Características expresivas.
- Estilo característico de la época a la que corresponde.
- Medio acústico en que se realizaban los conciertos o audiciones en la época señalada (sala de concierto, auditorio al aire libre, plazas, salones de palacio, con amplificación mecánica o sin ella, etc.).

Ficha IV – Unidad 1
Organología musical

Actividades

1- Investigar el origen de cada uno de los instrumentos.

2- Rastrear su origen histórico (por ejemplo, el órgano desde Egipto hasta nuestros días o la evolución de los instrumentos de cuerda frotada desde sus orígenes egipcios, pasando por el lute medieval, la viola da braccio o da gamba hasta llegar al cuarteto de cuerdas clásico).

3- Verificar si el uso de éstos se mantiene en la actualidad y con qué características estéticas y sociales.

4- Comprobar en qué tipo de agrupaciones instrumentales se utilizan o han sido utilizados esos instrumentos. Realizar diagramas que los contengan en sus diferentes posibilidades.

5- En caso de que se hayan dejado de usar, investigar los motivos histórico-sociales que los condenaron al olvido.

Ficha V – Unidad 1
Recapitulación

1- Encuadra los instrumentos analizados en el siguiente cuadro:

CORDÓFONOS	AERÓFONOS	IDIÓFONOS	MEMBRANÓFONOS

2- De cada instrumento reconocido registra las siguientes características:

NOMBRE DEL INSTRUMENTO ....
TIPO DE PRODUCCIÓN SONORA ....
CUERPO VIBRANTE..
REGISTRO ....
FORMA DE ONDA...
ÉPOCA DE CREACIÓN ....

Posibles enfoques interdisciplinarios de las actividades:

- Desde la historia y las ciencias sociales: los períodos estéticos y costumbres, los hechos históricos, el papel de los medios de comunicación, ejes cronológicos, contextualización e interpretación histórica (¿dónde se interpretaba música?, ¿existía la grabación o la única posibilidad de escuchar música era el fenómeno musical en vivo?, ¿cuál era la función del tipo de música escuchado: para bailar, de concierto, de entretenimiento, funcional, etc.?).

- Desde las matemáticas y la física: reglas físicas en la vibración de los cuerpos sonoros (materiales vibrantes); principios de la acústica en la subdivisión de los tubos, las cuerdas y los parches en función de la modificación de alturas; reglas matemáticas en la construcción de los instrumentos (¿cuánto debe medir una cuerda de una guitarra?, ¿dónde debo presionar la cuerda para que produzca exactamente la octava aguda de su sonido original?, ¿las divisiones o cejillas en el mango cubren esta función de modificar la altura del sonido?, ¿todas las cejillas se encuentran a la misma distancia?; ¿modificar la altura es un equivalente de modificar la frecuencia o existen otros factores acústicos que intervienen?, etc.).

- Los cambios tecnológicos en la vida cotidiana. (Digitalización del sonido, formatos: wave, mp3, archivo de audio. La aparición del rollo de pianola, el disco de pasta, el disco de vinílico, la cinta abierta, el cassette, el CD y el DVD.)

- Desde la organología. Diferentes enfoques para la clasificación de instrumentos (criterios de organización: material vibrante, productores del sonido, funciones de los instrumentos, etc.), la historia de los instrumentos de acuerdo con su función social (tipos de salas de conciertos, necesidades expresivas de los compositores, necesidades estéticas de los constructores, los instrumentos como piezas de arte escultórico, los instrumentos digitales, la ampliación sonora acústica o electrónica).

- Desde la música: las agrupaciones musicales en función de la estética de la época y de la acústica de las salas, texturas y materiales creativos, posibilidades del desarrollo melódico, armónico y contrapuntístico, recursos instrumentales y de orquestación.

Cápsula I - Unidad didáctica 2 - Procesamiento de la onda sonora Edición: Contenidos y procedimientos

Análisis y edición de ondas.
El análisis de la onda como idea de forma musical.

Edición y grabación. Diseño y manipulación de ondas sonoras. Análisis y síntesis: creación.

Edición y grabación de ondas sonoras.
Diseño de ondas expandidas.
Creación de bandas sonoras.
Evaluación del proceso creativo.

Ficha I - Unidad 2
Análisis y edición de ondas en la computadora

Actividades

1- Complete las siguientes frases de acuerdo con sus registros de experimentación.
Instrumento analizado: ....
Programa de análisis: ....

2- Cuando se modifica la frecuencia se comprueba que la onda también se modifica y se puede observar en la pantalla lo siguiente:
....

3- La forma de la onda en la siguiente sección de ataque tiene las siguientes características gráficas, descríbalas: ....

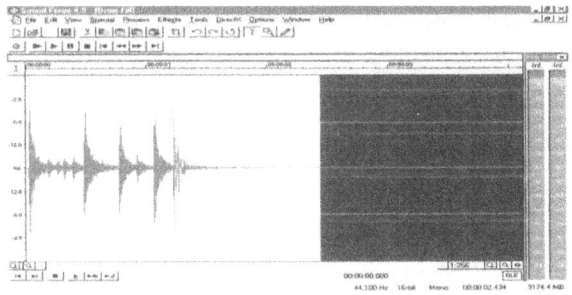

4- La amplitud de la onda en la sección de ataque es MAYOR-MENOR que en la duración de ésta (marque la respuesta correcta).

5- Elija tres fragmentos de la onda sonora, cópielos y péguelos en un documento nuevo armando una nueva onda (puede utilizar las herramientas de cortado, pegado y el menú de efectos). Analícela y compárela con la original:

Ficha II - Unidad 2
Presentación del proyecto

Creación de una pequeña obra musical, partiendo del análisis del sonido hasta llegar a una pieza completa, desde la estructuración formal.

Actividades 1- Se divide a los alumnos en cuatro grupos y se les entrega un plan de trabajo con los siguientes pasos a seguir:
- Secuencia de sonidos a analizar y utilizar por cada grupo.
- Grabación y manipulación de las ondas sonoras, elección de los sonidos a utilizar, teniendo en cuenta que sean contrastantes entre sí y que contemplen efectos expresivos deseados para la concreción de la obra.
- Elección de timbres y componentes de la textura tímbrica de cada motivo en función del paisaje sonoro deseado y su posterior modificación en el programa de ondas, a través de la transformación y la resintetización.
- Elaboración de un mapa-proyecto de la forma musical final (utilizando el principio creativo de cada sonido, en donde se contemplen las tensiones dinámicas de éstos y su encadenamiento en la forma final).
- Grabación del plan, primera audición y posterior proceso de: pegado, armado, graduación de intensidades, corte expresivo, articulaciones, efectos, etc.
- Audición final de cada grupo y elección de un nombre que resuma el trabajo expresivo logrado.

Ficha III - Unidad 2

Actividades

1- Analizamos cada uno de los sonidos, observando el ataque de la onda, su duración y su comportamiento mientras permanece, y su desaparición.

2- Seleccionamos secciones de cada onda para escucharlas por separado y elegir cada sección a utilizar.

3- Modificamos la onda utilizando algunas de las herramientas especiales del programa: amplificación, cambio de dirección de la onda, ascenso o descenso del sonido modificando la frecuencia de onda, efecto de eco, modificación del envolvente del sonido, filtros de sonido, modificación de los bordes de la onda, ruido, ejemplificación de los diferentes efectos de reverberación de las salas, pulido, gama de sonido, espectrograma, generador de sonidos.

4- Podemos modificar, mediante las herramientas de la Ventana EDIT, la altura de emisión en función de intervalos cromáticos a elección sobre un teclado (cortar, copiar, borrar, pegar) y, mediante la Ventana color, podemos diferenciar timbres o secciones de ruido o silencio para analizar los componentes de onda.

Ficha IV - Unidad 2

Actividades

1- El paso final del trabajo es concretar una pieza de música, teniendo como regla la utilización de las formas de ondas mencionadas, usadas por contraste, repetición o variación y teniendo como estructura una de las formas de onda analizadas.

2- Imaginar que el sonido elegido, entre las cuatro formas de onda dadas, se expande en el tiempo la cantidad de veces que la necesidad expresiva del grupo lo considere necesario.

3- Se puede, entonces, hacer un dibujo (como representación de la forma final, en formato de perfil melódico) que utilice esa forma expandida como guía de la forma final de la obra creada.

4- Condición importante para la realización: hay que utilizar todas las características del sonido que se hayan señalado o representado.

Ficha V - Unidad 2
Recapitulación

Actividades
Demos al trabajo terminado una forma final:
- Se puede describir un ejemplo: se utilizó la onda número 1 modificada en ascenso y descenso del sonido, la número 2 pegada primero en su formato original y luego dada vuelta, la número 3 con 4 efecto de eco y cambio de dirección y la número 4 seccionada en su ataque y amplificada en un 400 por ciento de su amplitud original.
- En este caso, todos los procedimientos alternados de manera creativa dan origen a esta banda sonora que a su vez se potenciará combinándose o no con instrumentos en vivo, grabaciones en el sequencer o todos los elementos expresivos que el grupo considere necesario para su trabajo.

Algunas reflexiones sobre las actividades propuestas:
La tecnología, en todas sus formas, es una realidad en el mundo de hoy. La preocupación por la educación a nivel mundial ha llevado a reuniones cumbres de política educativa:
- UNESCO (JOMTIEN, 1990), en su punto 3, establece el derecho de todo habitante del planeta al acceso a los códigos básicos de la modernidad entre los que se encuentran las nuevas tecnologías.
- Reuniones de Ministros de Educación de las Américas (proyecto propiciado por la UNESCO) PROMEDLAC V (1993). En el punto 4 de la declaración, habla de las necesidades básicas desde lo pedagógico incluyendo los códigos de modernidad.
- Reuniones de Ministros de Educación de las Américas, PROMEDLAC VI (1996), Jamaica. En el punto 6 de su declaración, reafirma la necesidad del acceso al uso de las nuevas tecnologías de la información y la comunicación.
- Cumbre de las Américas, 1998, Chile. Se fijan 8 áreas de acción consideradas las más fuertes en las políticas educativas actuales. La número 8 establece la necesidad de las nuevas tecnologías de la información y la comunicación como instrumento dentro de lo pedagógico y las nuevas formas de la educación a distancia.
- En la reunión de Quebec, en el 2000, se reafirman estas líneas.

- II Reunión de Ministros de Educación de las Américas, septiembre de 2001 (Punta del Este – Uruguay). Proponen centrar proyectos y orientación de políticas educativas en 5 prioridades. La quinta prioridad son las nuevas tecnologías en la educación.

La informática y sus procesamientos digitales e interconectados están intrínsecamente relacionados con todos los aspectos del conocimiento humano: música, artes plásticas, literatura, matemática, ciencias sociales y naturales, deportes, periodismo, cine, televisión, etc. Todos estos aspectos se comunican entre sí gracias a esta tecnología; por lo tanto, los proyectos de aula pueden ser disparados desde cualquier área y englobarlas a todas.

La universalidad del impacto de la tecnología sobre todos los aspectos de la vida de hoy hace que la cultura sea cada vez más dependiente del funcionamiento de aparatos y sistemas. El futuro de la educación en América Latina está configurado por la trayectoria de esas adaptaciones. No hay posibilidad de eludir este proceso porque *"el cambio está en el contexto tecnológico en el que opera la educación, el cual, después de permanecer prácticamente inalterado desde el siglo XV hasta el siglo XX, ahora ha empezado a mudar rápidamente"*. [5]

En la actualidad, en la Argentina, la materia "Computación aplicada a la Educación Musical" es dictada en los Institutos de formación terciaria de educación artística. No obstante, no existe una carrera de formación que forme al futuro docente a cargo de esta asignatura. Eso hace que ésta sea abordada por compositores, cuya formación tecnológica está orientada hacia la manipulación del sonido con otros objetivos.

No existe, por lo tanto, una reflexión adecuada en torno a las posibilidades de abordaje curricular interdisciplinario de la materia en las aulas de música, ni en la formación de formadores. La inclusión de la computación como disciplina tecnológica activa, dentro de la comunidad educativa, nos presenta un desafío y una oportunidad inigualable. "Sin educadores competentes y motivados, de nada servirían las nuevas tecnologías y ninguna reforma educacional tendría

---

[5] Brunner, José Joaquín. *Escenarios de Futuro. Nuevas tecnologías y Sociedad de la Información* Trabajo preparado en el marco del Convenio de Colaboración PREAL y Fundación Chile para la formación de un grupo de trabajo regional sobre innovaciones educacionales, enero, 2000.

éxito. ¿Qué sucederá con la profesión docente en los próximos quince años?, y ¿qué podemos hacer al respecto?"[6].
Un proyecto educativo interdisciplinario, que pueda dispararse desde las disciplinas artísticas, debe tener en cuenta los siguientes aspectos:
- La experiencia social con las imágenes y sonidos y, por supuesto, su creación y producción, que se han visto alteradas por la emergencia de nuevas técnicas y los lugares, nuevos también, que ellas definen.
- La fotografía, la cinematografía, la TV, los trazados electrónicos que han aportado en la modificación de la visión del mundo, al mismo tiempo que han conferido nuevos instrumentos para la experiencia estética.
- Las nuevas tecnologías en la educación artística como herramientas para el descubrimiento, la experimentación y la creatividad. En este proceso, el alumno encuentra significación en lo aprendido al manipular, experimentar, crear y elaborar el material artístico, siendo el eje central de la acción.

Enfocadas así, estas tecnologías crean situaciones de aprendizaje, ayudando al alumno en su proceso cognitivo y fomentando la valoración y el juicio crítico.
Tal como dice Cecilia Braslavsky: "Para cumplir estos desafíos, dos tipos de actividad son más necesarios que nunca: la investigación y la puesta en marcha de experimentos diseñados para generar nuevas prácticas y teorías. Un experimento diseñado es una forma novedosa de poner en práctica ideas y comparar sus resultados con los de otras experiencias, no sólo para evaluar cuáles tienen mejor impacto sino para construir teorías, en este caso, teorías acerca de cómo enseñar. (…) Lo maravilloso del actual ciclo de la revolución tecnológica es que abre más oportunidades. Lo apasionante es que queda mucho que elaborar para construir las mejores".
Dado que docentes de arte manejan distintas orientaciones: música, artes plásticas y artes combinadas, es preciso asegurar un acercamiento

---

[6] Documentos de trabajo de la Séptima Reunión del Comité Regional Intergubernamental del Proyecto Principal de Educación en América Latina y el Caribe, año 2001, ED-01/ PROMEDLAC.

a los perfiles de conocimiento de cada paisaje de la edad, desde el campo de las inteligencias múltiples. El conocimiento de la diversidad de inteligencias, sustentadas por Gardner y por Amstrong en sus trabajos, permitiría un proceso reflexivo a la hora de establecer las "configuraciones didácticas"[7] adecuadas en cada caso y para cada disciplina. Resulta interesante el abordaje de proyectos en los cuales la interactividad de los lenguajes artísticos abra un panorama diferente. En tal abordaje el alumno puede crear y recrear a través de nuevas herramientas tecnológicas, ubicándose en el contexto global desde la especificidad y ángulo creativo de su propio lenguaje y desde el ángulo facilitador de la inteligencia específica. A su vez, este conocimiento permitiría diseñar eficaces disparadores interdisciplinarios de las actividades surgidas desde el campo musical.

• María Angélica Bustos, mi alumna en el grado en el Instituto Superior de Música de la Universidad Nacional de Rosario, se ha interesado desde entonces por el tema que aquí nos ocupa. Su trabajo de graduación fue el inicio de una investigación eminentemente conectada con accionar práctico, que se sigue desenvolviendo a lo largo del tiempo.
Comparte con nosotros en este capítulo, parte de aquella experiencia, que se constituyó en un verdadero modelo de investigación-acción.

El abordaje interdisciplinario de la enseñanza de los Contenidos Procedimentales en el Nivel Inicial y 1er Ciclo de la Educación General Básica, de las disciplinas: Música, Matemática, Plástica y Ciencias Naturales. Un estudio desde la Música.

---

[7] Entendiendo como configuración didáctica (Litwin. *Las configuraciones didácticas. Una nueva agenda para la enseñanza* superior) "toda construcción elaborada en la que se pueden reconocer los modos como el docente aborda múltiples temas de su campo disciplinar y que se expresa en el tratamiento de los contenidos, su particular recorte, los supuestos que maneja respecto del aprendizaje, la utilización de prácticas metacognitivas, los vínculos que establece en la clase con las prácticas profesionales involucradas en el campo de la disciplina de que se trata, el estilo de negociación de significados que genera, las relaciones entre la práctica y la teoría que incluyen lo metódico y la particular relación entre el saber y el ignorar".

(El presente trabajo es un informe de la investigación realizada para la beca otorgada a la autora por la Subsecretaría de Cultura de la Provincia de Santa Fe – Rubro Música – Categoría "B" 1er. lugar, septiembre del año 2000.)

RESUMEN

El *problema* formulado en esta investigación es la posibilidad de la **interdisciplinariedad** en la didáctica de **disciplinas artísticas y científicas** como lo son **la música, la matemática, la plástica y las ciencias naturales.**
En el marco teórico se indaga la existencia de coincidencias estructurales entre esas disciplinas. Estudiando el enfoque epistemológico propuesto por Cullen[8] con respecto a la disponibilidad de las disciplinas científicas para la interdisciplinariedad se encuentra que desde su aspecto de comunicatividad existe una posible relación entre las didácticas disciplinares. Se analiza también lo enunciado por Piaget[9] al respecto de la Interdisciplinariedad estructural.
Luego se definen dos modelos o categorías de comprensión pertenecientes a las didácticas disciplinares: Modos de Conocimiento (clasificación de Subley[10] y aportes de didácticas específicas) y Contenidos Procedimentales (estudio de Antoni Zabala[11]), haciendo referencia a las características del proceso de enseñanza-aprendizaje; la primera a la forma de aprender y la segunda a un tipo de contenido a ser aprendido.
Estableciendo relaciones entre Modos de Conocimiento y Contenidos Procedimentales, aprovechando rasgos comunes en el proceso de enseñanza-aprendizaje, se proponen para una prueba piloto estrategias de enseñanza para N.I. y 1er. ciclo de la E.G.B. de las disciplinas seleccionadas, dentro de una posible Didáctica Interdisciplinaria. Esto constituiría para la próxima etapa de la investigación un elemento para revisar conceptos definidos en este Marco Teórico.

---

[8] Ver bibliografía consultada y citada.
[9] Ver bibliografía consultada y citada.
[10] En: FREGA, A. L. (1997)· *Metodología Comparada de la Educación Musical, una investigación descriptiva y comparada de los métodos Jaques-Dalcroze, Orff, Martenot, Ward, Willems, Kodaly, Suzuky, Murray Schafer y John Paynter, todos de repercusión mundial y aplicados en la República Argentina.* Edición: CIEM del Collegium Musicum de Buenos Aires.
[11] Ver bibliografía consultada y citada.

INTRODUCCIÓN:

Se comienza enunciando las **causas** que motivaron esta investigación:
- La búsqueda[12] de nexos entre el aprendizaje de disciplinas científicas y artísticas, que posibiliten la elaboración de estrategias para la enseñanza de éstas.
- La revisión de las relaciones propuestas en la clasificación medieval de las siete artes liberales, agrupadas en el "Trivium o tres caminos (a la elocuencia): gramática, retórica, lógica; y el Quadrivium o cuatro caminos (al conocimiento) aritmética, música, geometría y astronomía"[13], y tratar de comprender por qué ese agrupamiento, que en estos días no se percibe como natural, plantea una relación solidaria entre disciplinas científicas y artísticas.
- La escasa bibliografía existente que aborda el tema de la didáctica interdisciplinaria, junto con la demanda de información por parte de los docentes.

El **problema** formulado es la posibilidad de la interdisciplinariedad en la didáctica de disciplinas artísticas y científicas como son **la Música, la Matemática, la Plástica y las Ciencias Naturales**.

El **campo de estudio** es el de la enseñanza-aprendizaje, allí se buscaron relaciones entre las disciplinas mencionadas a través de la identificación de Categorías de Comprensión comunes.

Los **objetivos** son:
- Estudiar, en el proceso de enseñanza-aprendizaje, la interacción de las disciplinas: Música, Matemática, Plástica y Ciencias Naturales, tomando como referencia los CBC[14] del NI y del 1er. Ciclo de la EGB.

---

[12] Esa búsqueda surge de la autora a partir de los conocimientos adquiridos en su formación, que le permitieron establecer en forma empírica algunas relaciones entre su propio aprendizaje de la Música y la Matemática. María Angélica Bustos es Bachiller Técnico I.P.R. con especialidad en Química, título otorgado por el Instituto Politécnico Superior "Gral. San Martín", dependiente de la Universidad Nacional de Rosario y Profesora y Licenciada en Educación Musical, título otorgado por la Escuela de Música de la Facultad de Humanidades y Artes de la U.N.R.

[13] Rowell, L. (1985). *Introducción a la Filosofía de la Música*. Ed Gedisa. Pág. 31.

- Analizar contenidos procedimentales pertenecientes a las disciplinas citadas para identificar estructuras conceptuales análogas que generen la organización progresiva de estructuras operatorias del pensamiento.
- Desarrollar una propuesta de didáctica interdisciplinaria partiendo de la Música, generar un material de reflexión para el docente al respecto de la Pedagogía y debido a que los objetos que se trabajan son constructos teóricos (no tridimensionales); se proponen ejemplos que puedan guiar en su aplicación en función del marco conceptual a los efectos de avalar las propuestas.

"El que en un proyecto concurran varias disciplinas, ¿es suficiente como para considerarlo interdisciplinario o didáctico? Aunque obvia, esta pregunta invita a definir el punto de partida."[15]

La investigación que a continuación se desarrolla, pretende ser un aporte, que pueda generar en otros docentes nuevas ideas, quizá basadas en estas o tal vez contrastantes.

DESARROLLO

Marco Teórico:

Se indaga la posible existencia de coincidencias estructurales entre las disciplinas propuestas.

Al estudiar el enfoque epistemológico propuesto por Cullen[16] con respecto a los aspectos que definen la disciplinariedad de la ciencia: la comunicatividad, la actividad y la especificidad, se observa que estos aspectos no son privativos de las ciencias, en las artes también se pueden encontrar y de igual modo las definen. Teniendo en cuenta

---

[14] La Ley N° 24.195 determina tres niveles: Inicial, Educación General Básica y Bachillerato Polimodal. A continuación se mencionará a esta ley de la siguiente forma: L.F.E., al régimen de niveles que esta propone: N.I., E.G.B. y B.P.; y a los Contenidos Básicos Comunes que se proponen para cada disciplina en los Documentos Curriculares: CBC.

[15] Bustos, M. A. (1999). "Música y Matemática como Campo Interdisciplinario de Aprendizaje: Una Investigación Experimental". *Boletín de Investigación Educativo-Musical del Centro de Investigación en Educación Musical del Collegium Musicum de Buenos Aires*, Agosto de 1999, Año 6, Pág. 16.

[16] Ver bibliografía consultada y citada.

el aspecto de la comunicatividad, es posible colocar en un mismo plano de relación a las **didácticas** de la Música, la Matemática, las Ciencias Naturales y la Plástica, porque arte y ciencia requieren de la expresión de sus saberes para su constitución disciplinar. Esa expresión se manifiesta en el proceso de enseñanza-aprendizaje.

Cullen además manifiesta que debe existir una disponibilidad disciplinar para la interdisciplina. En la comunicatividad estaría la disponibilidad disciplinar para la interdisciplina porque dentro de este aspecto existe una posible relación interdisciplinaria entre las didácticas disciplinares.

Se analizó también lo enunciado por Piaget[17] al respecto de la Interdisciplinariedad estructural. Él propone y fundamenta la unidad de las ciencias porque poseen estructuras comunes, modelos de comprensión lógico-matemáticos de diversos objetos temáticos. La **Didáctica**[18] es una **Disciplina** científica y por ello se la somete al análisis desde la postura piagetiana.

Boisot[19] define a la disciplina como una estructura cuya suma de las partes no es igual al todo, con tres categorías de elementos: objetos, fenómenos y leyes. **Saber una disciplina** implica identificar, manipular, combinar, definir y resolver problemas con los elementos de esa disciplina: objetos, fenómenos y leyes. Análogamente, aplicar una **Didáctica Interdisciplinaria** es operar con sus elementos: los objetos diversos, distinguidos por su formalización y los fenómenos por su percepción, dependiendo de la identidad de cada disciplina. Las leyes serían comunes y se constituirían a partir de reconocer **Categorías de Comprensión** análogas en las cuatro disciplinas citadas.

Con respecto al Aprendizaje se tomó la postura del Constructuvismo, el cual sostiene que "la actividad del sujeto sobre los objetos obliga a ir encontrando respuestas nuevas para los nuevos problemas, a ir inventando soluciones a través del despliegue de un continuo **proceso de adaptación;** conocer es entonces construir respuestas, transformar **esquemas**, movilizar toda la maquinaria cognitiva para hacer posible

---

[17] Ver bibliografía consultada y citada.
[18] "Se concibe a la didáctica como la **disciplina** pedagógica de carácter científico y técnico que se ocupa de la teoría, la programación y la práctica de la enseñanza". DENIES, C. (1992) *Didáctica del nivel inicial,* 3ra. Edición. El Ateneo Editorial, pág. 8.
[19] BOISOT, M. en CULLEN, C. (1998) (ver bibliografía consultada, pág. 24).

una adaptación creciente a los retos que se van encontrando."[20] **Estos esquemas son estructuras cuya complejidad se va modificando durante el desarrollo del sujeto.**

La idea de estructura se puede aplicar al concepto de conocimiento tanto en función de su producción (disciplinas) como de su apropiación (proceso de enseñanza-aprendizaje).

La **Interdisciplinariedad** exigiría el logro de relaciones de reciprocidad o co-implicación entre las didácticas de cada disciplina, aceptando que el conocimiento se construye como una estructura, y la programación de la enseñanza se basa en una Didáctica Constructivista que le permita al sujeto cognoscente relacionar sus conocimientos. En esta relación **disciplina-enseñanza aprendizaje** la **Didáctica** es el nexo entre ambas estructuras.

No se pretende hacer interdisciplina entre la Música, la Matemática, las Ciencias Naturales, y la Plástica borrando los límites de cada disciplina en cuanto a su práctica o manifestación que las definen y diferencian entre sí; se relaciona el aspecto de comunicación de sus saberes en el sentido de la enseñanza de cada una. Al hacer interdisciplina entre las didácticas, estas perderían su identidad para llegar a una nueva **Didáctica de las interrelaciones**.

Modelos o Categorías de Comprensión seleccionadas para este estudio:

El paso siguiente fue buscar el aprovechamiento de rasgos comunes a las disciplinas en el proceso de enseñanza-aprendizaje; sobre la base del análisis de los contenidos procedimentales realizado por Antoni Zabala[21]*, la clasificación de los modos de conocimientos musicales de Subley*[22]*, y otros aportes realizados por las didácticas específicas de cada disciplina.*

---

[20] Palacios, J.; Marchesi, Á.; Coll, C. (1999) "Desarrollo psicológico y educación" *Tomo 1: Psicología Evolutiva.* (Compilación) 2da. Edición. Alianza Editorial, pág. 45.
[21] Ver bibliografía consultada y citada.
[22] En: Frega, A. L. (1997). *Metodología Comparada de la Educación Musical, una investigación descriptiva y comparada de los métodos Jaques-Dalcroze, Orff, Martenot, Ward, Willems, Kodaly, Suzuky, Murray Schafer y John Paynter, todos de repercusión mundial y aplicados en la República Argentina.* Edición: CIEM del Collegium Musicum de Buenos Aires.

Modos de Conocimiento

Aunque cada didáctica disciplinar propone diferente terminología (ver cuadro siguiente) se ha entendido que la denominación de Stubley como "Modos de conocimiento" para nombrar a los diferentes caminos que recorre el niño para apropiarse del conocimiento musical también se puede aplicar a la apropiación del conocimiento matemático, científico y plástico.

Los **Modos de Conocimiento** son maneras en que el sujeto aprende, y según Stubley y Visgoskii no presentan un orden preestablecido. El aprendizaje sensorial y motriz genera estructuras que constituyen el cimiento para la formación de conceptos, así como el pensamiento lógico, en un estadio posterior, se vale de la información sensorial para cotejar su coherencia interna.

Este cuadro resultó del análisis y comparación de **Modos de Conocimiento** de la Música, la Matemática, la Plástica y las Ciencias Naturales; determinando dos sub-categorías: con tendencia o preponderancia **Sensorial** o **Cognitiva**; con el único objetivo de estudiar el proceso de aprendizaje. La primera incluye el aprendizaje motor y sensorial como experiencia del sujeto a través del cual incorpora información de los objetos de estudio, la otra contiene procesos cognitivos más complejos. (Ver cuadro en página siguiente).

Se observa cómo **las artes y las ciencias comparten mecanismos para procesar la información recibida**, definen de una manera u otra un contacto sensorial entre el objeto de estudio y el sujeto cognoscente. La creación de obras de arte o el descubrimiento científico tienen una instancia exploratoria, la construcción de procedimientos de observación, de descarte, de selección, de apareamiento, de seriación, de ordenamiento y de clasificación; pero también tiene otra de mayor elaboración en la que se aplican estos procedimientos simultáneamente en función de la cristalización de ideas.

Contenidos Procedimentales

Se consideraron a los **Contenidos Procedimentales** también como categorías de comprensión para buscar posibles relaciones interdisciplinares porque tienen estructuras análogas en las diferentes disciplinas artísticas y científicas. Son mecanismos comunes para abordar los diferentes objetos de estudio y **se relacionan entre sí según el estadio del desarrollo** en el que puedan ser aprendidos.

Modos de Conocimiento de las Disciplinas Música, Matemática, Ciencias, Naturales y Plástica. Sub-categorías de comprensión: Tendencia Sensorial o Cognitiva.

DISCIPLINAS	MÚSICA	MATEMÁTICA	CIENCIAS NATURALES	PLÁSTICA
TENDENCIA	Modos de Conocimiento. Stubley.	Situaciones de Aprendizaje. Brousseau.	Técnicas de Procedimiento científico. Harlen.	Técnicas Gráfico-Plásticas Gandulfo de Granato.
SENSORIAL	-Escuchar (incluyendo la apreciación y la manipulación de objetos en la exploración auditiva)	-Situaciones de acción (motricidad, tacto, audición, visión)	-Técnicas de obtención de información (observación)	-Grafismo, pintura, pegados, aplicaciones y modelado, se manipulan los materiales en función de la exploración visual y táctil de la realidad.
COGNITIVA Hacia la conceptualización y cristalización de ideas y obras de arte.	-Interpretar (canto, percusión corporal, ejecución instrumental, danza) -Componer (crear aplicando discursos especulativos de la obra de arte)	-Situaciones de formulación. -Situaciones de validación - Situaciones de institucionalización	- Explicación de las observaciones (elaboración de hipótesis) - Comprobación (planteamiento de problemas e investigaciones, interpretación de la información) - Comunicación.	- Se repiten las mismas técnicas que en el cuadro superior pero tendientes a desarrollar conscientemente la imaginación y la creación. - Construcción.

*"Los nuevos procedimientos que se van aprendiendo se vinculan en la estructura cognoscitiva del alumno no sólo con otros procedimientos, sino también con el conjunto de componentes –integrados y no aislados– que constituyen esa estructura (con conceptos, con valores, con principios, etc.), con lo cual un **aprendizaje significativo de procedimientos** redunda, a su vez, en una mejora de la **capacidad global de aprender.**"*[23] Esto concuerda con la idea de Transdisciplina que Piaget define como *"una*

---

[23] COLL, C.; POZO, J. I.; SARABIA, B.; VALLS, E. (1994). *Los contenidos en la Reforma*, Ediciones Santillana S.A., Pág. 106.

teoría general de sistemas o de estructuras, englobando las estructuras operatorias, las regulaciones, y los sistemas probabilísticos"[24]*y* planteando un *"sistema total, sin fronteras estables entre las disciplinas"*.[25]
En este caso los **Contenidos Procedimentales** de las disciplinas **Música, Matemática, Plástica y Ciencias Naturales** se definirían como una categoría de comprensión dentro de ese *"sistema total"* que englobaría a las disciplinas.

Presunción: Existencia de relaciones entre los Modos de Conocimiento y los Contenidos Procedimentales

La **Disponibilidad disciplinar** para la **Interdisciplinariedad** se encontró en el aspecto de comunicatividad de las ciencias (Cullen, 1998), tomando la **Didáctica** como manifestación de éste. Al determinar dos **Categorías de Comprensión** dentro de las didácticas: **Modos de Conocimiento** y **Contenidos Procedimentales**, se enuncian supuestos que evidenciarían relaciones interdisciplinares:
- Los **Modos de Conocimiento** son procedimientos del sujeto y presentan características comunes en campos disciplinares científicos y artísticos.
- Los **Contenidos Procedimentales** son haceres del hombre que se aplican a diversas situaciones, una de ellas es el proceso de enseñanza aprendizaje.
- La enseñanza significativa de **Contenidos Procedimentales** dentro del Marco de una posible Didáctica Interdisciplinaria desarrollaría los **Modos de Conocimiento.**
- La enseñanza relacionada de **Contenidos Procedimentales** de diversas disciplinas, seleccionados según los **Modos de Conocimientos** que enfaticen, propiciaría una transferencia de conocimientos, y llevaría al alumno a desarrollar su inteligencia.

En todas las disciplinas hay **Modos de Conocimiento** que tienen que ver con la exploración sensorial (audición, visión, etc.) y motriz entre el sujeto y el objeto de estudio; y con los procesos cognitivos. La imaginación elabora con los elementos extraídos de la realidad, ideas

---

[24] Piaget, J. "Epistémologie des reatione interdisciplinaires", pág. 144 en Cullen, C.
[25] Ibídem cita 17.

u obras de arte mediante el proceso de creación en el que se disocian, modifican y se vuelven a asociar esos elementos ya transformados.

La elección de estas técnicas, situaciones o modos de procesar los diferentes elementos según las disciplinas: **Música - *Modos de Conocimiento*** (Stubley), **Matemática - *Situaciones de Aprendizaje*** (Brousseau), **Ciencias Naturales - *Técnicas de Procedimiento científico*** (Harlen) y **Plástica - *Técnicas Gráfico-Plásticas*** (Gandulfo de Granato), es solo un punto de partida que será revisado luego de concretar una prueba piloto intentando poner en práctica los supuestos enunciados en el párrafo anterior.

Los **Contenidos Procedimentales** son los procedimientos del conocimiento y existen de manera potencial, y pueden ser aplicados en las situaciones que los requieran.

CONCLUSIONES

Reflexiones

En este estudio del proceso de enseñanza-aprendizaje de la Disciplinas Música, Matemática, Plástica y Ciencias Naturales se determinaron dos **Categorías de Comprensión** pertenecientes a la Didácticas de esas disciplinas: **Modos de Conocimiento** y **Contenidos Procedimentales**. Se encontró que esas formas de abordaje de los saberes, los **Modos de Conocimiento**, se corresponden con los **Contenidos Procedimentales**. Los "continuum" que propone Zabala para el estudio de este tipo de contenidos: *motriz-cognitivo*, *muchas acciones-pocas acciones* y *algorítmico-heurístico*, se aplican a los procedimientos para analizar e inferir la manera en que se aprenden, observando que guardan una estrecha relación entre las disciplinas.

Al plantear que los **Contenidos Procedimentales** son **Modos de Conocimiento** se propone el supuesto de que la **Didáctica Interdisciplinaria** se basa en la existencia un modo de conocimiento transferible o general. Se buscan características comunes entre los contenidos procedimentales de las diferentes disciplinas para propiciar esa transferencia. Una de ellas es la estructura del Procedimiento, algorítmico o heurístico, y la otra es el Modo de Conocimiento que predomina, sensorial y motriz o cognitivo.

Existiría una **Disponibilidad Disciplinar** de las **Didácticas** hacia la concreción Interdisciplinaria al relacionar la forma de apropiación de conocimientos pertenecientes a las diferentes disciplinas: abordaje sensorial y cognitivo del objeto de estudio.

La **Didáctica Interdisciplinaria** propone la enseñanza simultanea en varias disciplinas de Procedimientos del mismo tipo. Se supone que esto propicia en el alumno la adquisición de procedimientos análogos, llevándolo a comprender su esencia más allá de sus diversas manifestaciones, favoreciendo su aplicación en nuevas situaciones, concretando el objetivo de **aprender a aprender**.

Al elaborar la **Propuesta Didáctica** se aceptó que estos ejemplos necesitan corroborarse con una investigación de campo de tipo experimental o de acción. Así se sostiene la interrelación dialéctica entre la teoría científicamente fundada y la práctica educativa.

La formulación del problema de la existencia de una **Didáctica Interdisciplinaria** surge de observar las prácticas educativas, luego se lleva el tema al plano teórico y se propone una instancia más de práctica a través de **pruebas piloto,** cuyo diseño se iniciará con los ejemplos de la Propuesta Didáctica.

Parecería que hay campo para propugnar este tipo de conexiones o avances, de los que habla la bibliografía internacional, realizando un aporte la bibliografía argentina que cuenta con pocos ejemplos de Didáctica Interdisciplinaria.

Propuesta Didáctica: Ejemplos

Esta propuesta de **Didáctica Interdisciplinaria** tiene en cuenta la **Exploración sensorial** y los **Procesos cognitivos**, eligiendo contenidos procedimentales que contribuyen a la organización de atributos, llevando al niño a la conceptualización.

Se intenta aplicar una Didáctica Constructivista. Las actividades plantean **Situaciones Problemáticas** que se utilizarían en el comienzo una clase para generar un desequilibrio, llevando al niño a transitar dos procesos, el de asimilación mediante el cual se exploran, incorporan y transforman elementos del medio, y el de acomodación en el que el sujeto se modifica para resolver las situaciones que se le presentan, implicando la construcción de estructuras cognitivas en un proceso de equilibración.

Se realizaron cuatro cuadros de doble entrada, los dos primeros corresponden al segundo estadio evolutivo (NI y 1er. Año de la EGB) y los restantes al tercero (2do. y 3er. Año de la EGB). El 1er y 3er cuadro hacen referencia al mismo modo de conocimiento sensorial y motriz, y el 2do. y 4to. al cognitivo.

Las primeras propuestas están encuadradas en el estadio preoperacional y plantean la conexión sensorial entre el sujeto que aprende y el objeto a ser aprendido. Las otras pertenecen al estadio de las operaciones concretas tendiendo a la conceptualización con la producción de ideas y la creación de obras de arte.

Se transcribe el cuadro 1 de la página siguiente.

Futuro

Planteamiento de una Prueba Piloto

La primera de las Pruebas Piloto corresponderá a los cuadros 1 y 2, con expectativas de logro para el Nivel Inicial. Este nuevo proyecto se concretaría como investigación acción con una aproximación experimental.

Recomendaciones de profesionales de vasta experiencia (Costa Giomi, 1999, apuntes de la "Clínicas Interamericanas de Investigación en Educación Musical", Mar del Plata) aconsejan utilizar un sistema de pre–test y post–test, para controlar variables intervinientes.

Partiendo de la concreción de las experiencias piloto se revisarían y reformularían algunos conceptos que dieron lugar al Marco Teórico de esta Investigación, abordando una bibliografía de revisión. Será interesante cotejar el modelo piagetiano del aprendizaje con otros que aborden la **Interdisciplinariedad.**

Ampliación de la Propuesta Didáctica

Se elaborará una ejercitación para el 2do y 3er Ciclo de la E.G.B., correspondiendo al 4to Estadio Evolutivo (de las operaciones formales) con el mismo diseño del cuadro transcripto, para una segunda prueba piloto.

Cuadro 1:
Estadio: 2do. (2 a 7 años): N.I. y 1er. Año E.G.B. *Modos de Conocimiento: Contacto Sensorial y Motriz.*
Es el primer contacto con el objeto y la forma con la que se extrae información.
Los procedimientos tienden ser más algorítmicos que heurísticos.

Disciplina	Contenido Procedimental	Actividad o situación problemática
Música	• Discriminación auditiva, selección y producción de sonidos y relaciones sonoras atendiendo a sus atributos.	- Localización e identificación de fuentes sonoras. - Comparar cómo suena un triángulo con respecto a una caja china. - Comparar el sonido de un vaso de yoghurt con arena cuando es sacudido por poco o por mucho tiempo, o con poca o mucha energía.
	• Localización e identificación de fuentes sonoras	- Indicar con respecto a la propia ubicación las fuentes de los sonidos percibidos dentro y fuera del salón de clase. - Identificar las fuentes sonoras de una grabación y del entorno. Comparar sus características.
Matemática	• Reconocimiento de formas geométricas de los objetos del medio.	- Localizar en el salón superficies en forma de círculos. - Mencionar otros objetos que no se encuentren en el salón.
	-Identificación de colecciones con elementos iguales o diferentes.	- Nombrar grupos de cosas para llevar en un viaje. - Describir y agrupar las características de los rostros de los compañeros y de los papás.
Plástica	• Exploración libre del espacio gráfico (vertical y horizontal). • Exploración de las características expresivas de materiales como: crayones, marcadores, tizas húmedas, rodillos, pinceles gruesos, témpera espesa, arcilla, plastilina, crealina, masa de sal.	- Dibujar sobre superficies planas con la consigna de explorar los resultados de movimientos ascendentes y descendentes de la mano. - Pintar con rodillos sobre superficies lisas y rugosas. Observar las diferentes posibilidades. - Amasar arcilla, plastilina y masa de sal. Observar las texturas y los colores.
Ciencias Naturales	• Observación de objetos de su entorno. • Observación de superficies.	- Mencionar dónde se ven espejos y para qué se los usa. - Describir como es un espejo cuando se lo mira y se lo toca. - Comparar materiales de fabricación: ceda, plástico, algodón, reconocer el material y el uso en prendas y objetos.

Estos Contenidos Procedimentales fueron extraídos y adaptados de los CBC del Diseño Curricular Jurisdiccional de la Provincia de Santa Fe (1997).

Bibliografía

Aristóteles, Met. A, 982a 28-30 en Cullen, C. Apuntes del Curso de Posgrado *"Problemas teóricos y Metodológicos en la Interdisciplina"* dictado en la Facultad de Humanidades y Artes, Universidad Nacional de Rosario, 1998.

Boisot, M. "Discipline et interdisciplinarité", OCDE – CERI. en Cullen, C. (1998). Apuntes del Curso de Posgrado *"Problemas teóricos y Metodológicos en la Interdisciplina"* dictado en la Facultad de Humanidades y Artes, Universidad Nacional de Rosario.

Bustos, M. (1999). "Música y Matemática Como Campo Interdisciplinario de Aprendizaje: Una Investigación Experimental". *Boletín de Investigación Educativo – Musical del Centro de Investigación en Educación Musical del Collegium Musicum de Buenos Aires, Agosto de 1999 – Año 6.*

Coll, C.; Pozo, J.I.; Sarabia, B.; Valls, E. "Los contenidos en la Reforma", Ediciones Santillana S.A., 1994.

Coll, C.; Palacios, J. y Marchesi, A. "Desarrollo psicológico y Educación I, II, Y III". Ed. Alianza, 1989.

Cullen, C. Apuntes del Curso de Posgrado *"Problemas teóricos y Metodológicos en la Interdisciplina"* dictado en la Facultad de Humanidades y Artes, Universidad Nacional de Rosario. Cap. Primero, Punto 2: La Interdisciplinariedad, 1998.

Denies, C. "Didáctica del nivel inicial" 3ra. Edición. El Ateneo Editorial, 1992.

Diccionario de las Ciencias de la Educación. Ed. Diagonal Santillana, Bs. As., 1983.

Brelet, G. "Estética y creación Musical". Ed. Librería Hachette S.A., Bs.As., 1957.

Descartes, R. Discurso del método. Ed. Claridad. Bs. As., 1940.

Diccionario de las Ciencias de la Educación. Edit. Diagonal Santillana. Bs. As., 1983.

Frega, A. L. Documento de la "Consultoría para el Area de Expresión Estética" para la implementación de la Ley Federal de Educación Nº 24.195, 1994.

Frega, A. L. "Fuentes para la transformación curricular", 1997.

Frega, A. L. "Metodología Comparada de la Educación Musical, una investigación descriptiva y comparada de los métodos Jaques-Dalcroze, Orff, Martenot, Ward, Willems, Kodaly, Suzuky, Murray Schafer y John Paynter, todos de repercusión mundial y aplicados en la República Argentina". Edición: CIEM DEL Collegium Musicum de Buenos Aires, 1997.

Follari, R. "La posición de Jean Piaget". México. UAM – Azcapotzalco, 1982.

Gandulfo de Granato, M. A. "Las técnicas gráfico – plásticas. Enfoque globalizador en el Nivel Inicial". Edit. Lumen – Hvmanitas, 1999.

Gardner, H. "Arte, mente y cerebro". 1ra. Edición en la Argentina. Editorial Paidós, 1997.

Harlen, W. "Enseñanza y aprendizaje de las ciencias". Ediciones Morata, S. L., 1994.

Palacios, J.; Marchesi, Á.; Coll,C. "Desarrollo psicológico y educación" Tomo 1: Psicología Evolutiva. (Compilación) 2da. Edición. Alianza Editorial, 1999.

Piaget, J. "Epistémologie des reatione interdisciplinaires" en Cullen, C. Apuntes del Curso de Posgrado *"Problemas teóricos y Metodológicos en la Interdisciplina"* dictado en la Facultad de Humanidades y Artes, Universidad Nacional de Rosario, 1998.

Rowel, L. "Introducción a la Filosofía de la Música". Ed Gedisa. S.A., 1985.

Santaló, L. A. Y otros. "Didáctica de Matemáticas. Aportes y reflexiones". Paidós Educador, 1997.

Vigotskii, L. S. "La imaginación y el arte en la infancia. Ensayo psicológico". 3ra. Edición. Distribuciones Fontamara, 1997.

Zabala, A. "Cómo trabajar los contenidos procedimentales en el aula". Graó Editorial. Barcelona, 1993.

Capítulo 4

La formación integral e integradora en acción...

Este aporte de Rafael Toriz Sandoval, de la Universidad Veracruzana de México, tiene la enorme importancia de haber sido puesto en práctica en contextos en los cuales la integración social, verdadero tema de multiculturalidad, tenía importancia definitoria, así como el impacto de la globalización. Con su autorización, he tomado de su generosa y amplia colaboración original el sector referido al tema de nuestra preocupación actual.

La Educación Artística y el Desarrollo de Competencias Interculturales en la Escuela Primaria

Juan Rafael Toriz Sandoval

Ane: "… todos teníamos miedo de hablar y ahorita con lo de música nos expresamos más y nos esforzamos más por aprender más cosas…"
Ola: *"… yo también tenía miedo porque pensaba que no iba a poder con usted, pero yo siento que si nunca hablamos nunca va a crecer nuestro país, nuestra mente, todo lo que nosotros somos ahora… lo debemos de realizar hablando y no gritando porque es parte de la tolerancia…" (GF 2)*[26]

---

[26] Registros de la Investigación: "La Educación Artística y el Desarrollo de Competencias Interculturales en la Escuela Primaria", documentados para la Maestría en Investigación Educativa, Grupo Focal 2 (2005).

Introducción

La vida en sociedad comporta múltiples aspectos en los que pocas veces nos detenemos a pensar, dadas las condiciones y la celeridad en que vamos desarrollando nuestras actividades cotidianas y el modo en que compartimos espacios de interacción en distintos niveles de proximidad con otras personas, como la familia nuclear y cercana; los vecinos del edificio, de la calle o de la colonia; los compañeros de la escuela o del trabajo, los residentes de la misma ciudad, y los paisanos del estado o del país, en todas las circunstancias se generan procesos de aceptación y rechazo que van matizando la convivencia. En nuestros días, la aceleración de la evolución tecnológica y de las comunicaciones ha contribuido a desgastar las fronteras entre los países. La "globalización", que implica un conjunto de procesos de homogeneización y, a la vez, de fraccionamiento articulado del mundo, que reordenan las diferencias y las desigualdades sin suprimirlas (Canclini, 2000), también ha tomado lugar en las dinámicas culturales y ha rebasado el ámbito económico que la acuñó, ganando espacios en cada una de las expresiones de la cultura, cuestionando la tradición por una parte y evidenciando por la otra, la necesidad de desarrollar estrategias inteligentes y creativas que permitan dar respuesta a los retos de la más diversa índole que establece para las naciones tal fenómeno mundial.

En el contexto del acercamiento de los pueblos, resalta la necesidad de considerar los ensayos para la construcción de un nuevo consenso sobre los valores fundamentales de la población, orientados por los principios de una ética global:

> "… cualquier proyecto de formular una ética universal deberá inspirarse en los recursos culturales, en la inteligencia de las personas, en su experiencia emocional, en su memoria histórica y en sus orientaciones espirituales…" (Pérez de Cuéllar, 1996).

Por esta razón, en la búsqueda de un plano ideal para normar las condiciones de justicia y equidad que garanticen la integridad de la coexistencia social de manera armónica y pacífica, es necesario explorar las posibilidades de la escuela para encontrar explicaciones que nos lleven a construir y consolidar puntos de equilibrio entre posturas divergentes.

En el ejercicio de reflexión que orienta el presente documento, he tratado de poner en claro algunas líneas de pensamiento resultantes de la experiencia de la investigación educativa. Situé en su contenido la percepción del educador musical motivado por ensayar y encontrar nuevas rutas para atender las carencias observadas en mi ámbito de desempeño.

Esta búsqueda me ha permitido también visualizar el alcance que puede tener una propuesta de intervención educativa operada como un proyecto de formación transversal. Ésta es susceptible de ser situada en cualquiera de los grados de la educación básica, siempre que se atienda la pertinencia de lenguaje, objetivos, contenidos y actividades, en función del nivel de desarrollo de la población escolar, así como la maleabilidad metodológica para integrar distintas áreas formativas. Se puede dar lugar así a una posibilidad real de aproximarse a la innovación de la práctica docente y, por ende, a los enfoques del aprendizaje a través de la acción de los sujetos sobre el objeto de conocimiento.

En este orden de ideas, también puedo decir un par de cosas acerca del alcance de la mirada del sujeto educador/investigador, en torno a algunas facetas del problema educativo, pues creo haber alcanzado cierto grado de sensibilidad respecto al problema, para darme cuenta de que otra forma de educación es posible; aun y cuando algunos propósitos educativos pudieran parecer ambiciosos en extremo, me queda muy claro –y espero hacerlo notar así al lector– que mis actividades en la investigación educativa me van llevando, en aproximaciones sucesivas, a la fundamentación de solamente **UNA** alternativa, de entre muchas otras posibles, para atender un problema educativo complejo. En consecuencia, los primeros esbozos de mi incursión investigativa, se refieren a la función formativa de la educación artística asumida con un enfoque al mismo tiempo transdisciplinario e incluyente.

Transdisciplinario en tanto que ante la alternativa de concebir una *"educación en el arte"* entendida como punto de llegada a través de la apropiación cognitiva de conceptos y habilidades disciplinarios, frente a una *"educación por el arte"*, que toma como punto de partida las actividades artísticas para propiciar el desarrollo de los sujetos hacia otros estadios intelectuales y humanos, atendiendo a mis propósitos he privilegiado la segunda opción, dado que se aborda con mayor peso el "uso" educativo de la música:

> "… los usos de la música se refieren a las distintas formas en que la música es utilizada en la sociedad, a la práctica habitual o al ejercicio corriente de la música, ya sea por sí misma o en conjunción con otras actividades…" (Merriam, 1999: 209-227).

La condición de inclusión corresponde simultáneamente a la **dimensión humana**, en clara referencia al compromiso de ampliar la participación de los sujetos-alumnos en la educación artística. Esto plantea la necesidad de reformular los métodos de enseñanza en el área artística para que el conocimiento llegue a los individuos que no han desarrollado, o incluso carecen de aptitudes especiales para la música, en virtud de que la escuela pública en el nivel básico tiene la tarea de propiciar el desarrollo armónico de los individuos a través de sus planes y programas de estudio; así como a la **dimensión disciplinaria**. Ésta se relaciona con la posibilidad de articulación discursiva que ofrece la educación artística en el nivel básico para condensar y distribuir contenidos de distintas áreas disciplinarias mediante un concepto didáctico sustentado en la integración de conocimientos en tanto que recurso formativo, para enfrentar la discriminación y la exclusión en la escuela primaria. Este concepto le permite descentrarse del apego a la tradición y al cánon académico, para revitalizarse en la hibridación de los campos y métodos de estudio emergentes, como pretende ser el caso de una educación artística intercultural:

> "… en las ciencias los descubrimientos son producto de la interacción entre las especialidades… igual que los conceptos, los descubrimientos dan lugar a la fecundación transdisciplinaria… se producen en espacios no explorados, en las orillas de las disciplinas. Una vez surgidos pueden ocasionar que los investigadores establezcan sectores híbridos..." (Dogan y Pahré, 1993).

En el propósito central de la investigación mantuve como objeto de estudio la estructuración teórica de la *identidad*, la *diversidad cultural*, y las *relaciones interculturales* enfocadas desde la educación artística en la escuela primaria. Mediante el trabajo de campo he acumulado cierta información que ratifica mis supuestos sobre la pertinencia de la articulación de significados de la educación artística, del discurso de la educación intercultural y las prácticas discursivas de la interculturalidad en la escuela primaria, para la configuración del discurso de la Educación Artística Intercultural.

El desarrollo del proyecto de investigación, apoyado en la intervención educativa, se halla contextualizado en la pertinencia de vincular a los alumnos de la escuela primaria con los sucesos mundiales que hacen la historia contemporánea de los pueblos; de manera que las acciones escolares propuestas tengan cabida en la concepción de una pedagogía crítica que considera a la escuela como el canal institucional de la introducción, la preparación y la legitimación de las formas de vida social actuales:

> "… las escuelas deberían ser espacios para la transformación social y la emancipación donde los estudiantes sean educados no solamente para ser pensadores críticos, sino también para ver el mundo como un lugar donde sus acciones pueden tener efecto…" (Maclaren, 1998: 198).

Por otra parte, el mosaico cultural que se evidencia en las creencias, costumbres, tradiciones, actitudes y valores que se ponen en juego cotidianamente en las relaciones sociales han complejizado la convivencia de los distintos sectores culturales. En este sentido, las ciencias sociales han apelado al término de la "hibridación" para referirse al entrecruzamiento o interconexión de elementos culturales, sociales y políticos diversos que intenta explicar la diversidad del contexto social en que vivimos.

Es de suponer que el arte no debería quedar fuera de este planteamiento ideológico humanista, en tanto que una de sus funciones consiste en reflejar la realidad con los elementos propios del lenguaje de cada disciplina, ya que el arte, percibido como fenómeno social, constituye un espacio multicultural donde confluyen acciones de diversas procedencias y con distintas manifestaciones que tienen como fin común hacer su aportación al desarrollo del ser humano. Por lo tanto, la hibridación en el campo artístico se dibuja como una tendencia contemporánea que plantea retos y ofrece oportunidades para el desarrollo humano.

En atención a lo anterior, el problema que motiva mi reflexión se encuentra atado a la percepción desarrollada y fortalecida mediante mi experiencia profesional, en el sentido de considerar a la educación artística con un enfoque incluyente que rebase las limitantes disciplinarias crónicas en la escuela primaria –particularmente la iniciación musical–, como un modelo de formación para el desarrollo de competencias interculturales.

Luego entonces, estoy hablando de un problema educativo, situado en la necesidad de considerar una revisión, y acaso la actualización del paradigma tradicional de la formación artística en el ámbito escolar, al poner en duda la validez de nuestras certezas sobre la visión disciplinaria, frente a una perspectiva que privilegie la dimensión humanista, conclusión a la que he llegado problematizando una serie de situaciones por las que he atravesado durante más de 25 años en las aulas, y que me han dado pistas para considerar que vale la pena trabajar en pos de que "la cosa" –duda metódica de Durkheim– sea descubierta y explicada:

> "… es una cosa todo objeto de conocimiento que no sea naturalmente aprehensible por la inteligencia… lo que se puede llegar a comprender a condición de salir de sí mismo a través de observaciones y experimentaciones…" (Durkheim, en Bourdieu, 2001: 153).

La educación artística y la multiculturalidad se presentan entonces como elementos de una relación simbiótica entre la música y la cultura, que devienen ingredientes principales de una propuesta educativa que eventualmente puede considerarse como alternativa para liberar al proceso educativo de las ataduras disciplinarias que han fortalecido las prácticas discriminatorias y el dominio hegemónico en los espacios escolares. Esto ha condicionado históricamente el acceso a las manifestaciones artísticas solamente para quienes reúnen características particulares, haciendo de la exclusión, construida socialmente, una circunstancia natural:

> "… la dominación y la hegemonía ideológicas son 'perfectas' cuando los grupos dominados son incapaces de distinguir entre sus propios intereses y actitudes y los de los grupos dominantes…" (Van Dijk, 2000: 133).

El desarrollo de los conceptos de música y cultura se aborda desde una perspectiva educativa, a través del análisis que me ha permitido desmontar los discursos de la educación artística –particularmente la música–, y de la perspectiva intercultural en la educación básica, para explorar la posible articulación del discurso de la **Educación Artística Intercultural.**

Elementos del marco teórico

A los efectos del presente documento, he considerado solamente un extracto del horizonte teórico con el que se fundamentó la investigación, reduciendo el contenido a las ideas centrales de los rasgos: **música**, **noción de sociedad**, **estudios interculturales** y el **enfoque interdisciplinario** del trabajo escolar.

a) Música

La producción musical –una de las actividades culturales representativas del ser humano– constituye un universo de connotaciones de índole subjetiva, como la expresión individual y colectiva; la identidad cultural; el desarrollo espiritual o de construcción simbólica; así como otras de intención pragmática –en tanto que puede implicar supuestos más concretos en la vida diaria–, como el uso de la música en las actividades productivas: consumo musical, fabricación de instrumentos musicales, o incluso una forma de trabajo, entre otras. Sin mayor interés que ilustrar esta visión pragmática, coincido con Attali (1995), en que la música refleja la triplicidad de toda obra humana: el *disfrute* del creador; el *valor de uso* para el oyente; y el *valor de cambio* para el vendedor:

> "… ciencia, mensaje y tiempo, la música es todo eso a la vez… es modo de comunicación entre el hombre y su medio ambiente, modo de expresión social y duración… es también tiempo pasado en ser producida, escuchada, intercambiada…" (Attali, 1995: 19).

Lo cierto es que la música se ha constituido en un fenómeno central de la cultura, y merece el mayor esfuerzo intelectual para su comprensión (Adorno, 2000). La relación estrecha entre la música y la cultura ha dado origen a una filosofía con la cual me identifico plenamente, propuesta en el pensamiento adorniano respecto a la música:

> "… en tanto que organización de sonidos y combinación de sonidos en el tiempo, lo que llamamos obras musicales es una entidad histórico-social… un producto del hombre y su historia…" (Adorno, 2000: 12).

Por consiguiente, la producción, distribución y recepción de la obra musical, no puede deslizarse fuera de la mediación cultural que la valida, en tanto que contiene rasgos de la identidad del individuo o del grupo social que la producen y que la aplican a sus esquemas simbólicos y pragmáticos.

En la actualidad, la música se ha vigorizado como un verdadero valor cultural de múltiples aplicaciones en las que, dada su naturaleza flexible, se hace acompañar de diversas actividades culturales colaterales como la construcción de instrumentos, las tradiciones orales que la reproducen, el desarrollo de técnicas de ejecución, o del código de símbolos que constituyen el campo teórico que le atañe particularmente. Así, se le encuentra en las salas de concierto haciendo gala de complicadas elaboraciones rítmico-melódicas e instrumentales; en la ceremonia ritual que identifica plenamente a un grupo étnico, una región geográfica o el país entero; como un producto de valor comercial para la sociedad de consumo mediante las grabaciones y la mercadotecnia y también cumpliendo funciones sociales en un ciclo vital que acompaña al hombre con canciones de cuna, cantos escolares, canciones de amor, de trabajo y cantos fúnebres; unas veces como símbolo y otras tantas como herramienta, evolucionando de acuerdo a las exigencias de la época:

> "…todo arte supone la confección de los artefactos físicos necesarios, la creación de un lenguaje convencional compartido, el entrenamiento de especialistas y espectadores en el uso de ese lenguaje, y la creación, experimentación o mezcla de esos elementos para construir obras particulares…" (Garcia Canclini, 1990: 37).

b) Noción de sociedad

El fenómeno mundial de la multiculturalidad ha sido retomado por Touraine (2001), para establecer vías de escape a la contradicción que plantea que sólo podemos vivir juntos al perder la identidad. Se cuestiona sobre el modo de combinar nuestras diferencias con la unidad de una vida colectiva, y sobre la forma en que podrían acercarse una economía transnacional y unas identidades infranacionales. La alternativa que propone se plantea en torno al proyecto de vida personal de los individuos mediante la construcción del sujeto:

> "… en un mundo en cambio permanente e incontrolable, no hay otro punto de apoyo que el esfuerzo del individuo para transformar unas experiencias vividas en construcción de sí mismo como actor… ese esfuerzo por ser un actor es lo que denomino Sujeto… el Sujeto no tiene otro contenido que la producción de sí mismo…" (Touraine, 2001: 21).

Para Touraine, como para muchos de nosotros, interesados en el tema, "vivir juntos" implica la combinación entre la unidad de una sociedad y la diversidad de las personalidades y las culturas. Esto se podrá alcanzar cuando la idea del sujeto personal tome su lugar en el centro de nuestra reflexión y nuestra acción.

Al traspolar hacia la escuela la visión multicultural planteada, y los propósitos sobre la construcción del sujeto personal revisada, se hace evidente la imposibilidad de seguir ignorando que la composición del alumnado en las aulas escolares refleja rasgos fundamentales de la diversidad cultural, ya que podemos encontrar en los distintos niveles educativos, por ejemplo:

- **Tradiciones familiares**: costumbres del lugar de origen, saludos, celebraciones de fechas especiales, la afiliación política y religiosa.
- **Actividad laboral**: los trabajos remunerados, la forma de ganarse la vida que desarrollan los miembros de la familia determina las posibilidades de convivencia, así como las tareas que deben desempeñar los alumnos en el hogar, y también la posición socioeconómica y sus repercusiones en el estilo de vida de las familias.
- **Organización familiar**: la existencia de padre y madre, hermanos, y otros miembros, así como las tareas que desempeñan al interior

del grupo nuclear, también ejerce influencias en las actividades escolares de los alumnos.
- **Capital cultural**: las variables anteriores implican de igual forma que el capital cultural de los miembros del grupo escolar es diferente, en función de la calidad de los servicios a los que tienen acceso: radio, cine, televisión, libros, computadora, viajes.

De esta forma, podemos observar, para atenderlo, que el acto intencional de la escuela que pretende la homogenización de la población a su cargo ha generado una serie de prácticas escolares discriminatorias que debe analizarse en el horizonte teórico de un esquema de formación de carácter intercultural. Se debe sustentar con el apoyo de una política cultural de fomento a la investigación y a la innovación educativas. En esa tarea he estado empeñado desde hace algunas primaveras.

c) Estudios interculturales

El interés puesto en la comprensión de los fenómenos sociales ha hecho surgir a los estudios interculturales como un campo que se nutre del fenómeno del multiculturalismo, que analiza como objeto de estudio las minorías, la etnicidad, la cultura y las relaciones de género entre otras variables, para poner al descubierto los conflictos y las negociaciones que conforman las interacciones culturales; y al cual no es posible mirar desde una posición disciplinaria, sino que por el contrario, convoca al investigador para integrar diversas disciplinas en la generación de nuevos conocimientos y también nuevos interrogantes.

Dado que la realidad es multidimensional, para comprender cualquier suceso humano es necesario observarlo desde varias dimensiones biológicas y sociales, ya que la historia de vida de los individuos es fruto de las experiencias en los marcos donde toma parte: la familia, la escuela, su lugar de origen y otros más.

> "… apostar por la interdisciplinariedad significa defender un nuevo tipo de persona, más abierta, flexible, solidaria, democrática y crítica…" (Torres, 1998: 48).

Dentro de la corriente de pensamiento apuntada, es preciso señalar algunos elementos básicos del enfoque epistemológico de los estudios interculturales que confirman el supuesto de la complejidad de los problemas de la sociedad actual, entre los que se pueden mencionar los distintos ámbitos que rodean el fenómeno de la interculturalidad delineado por los cuestionamientos:

- ¿Quiénes intervienen?............................Social
- ¿Dónde se presenta?..............................Espacial
- ¿Cuándo aparece? ....Histórico
- ¿Cómo se manifiesta?............................Descriptivo-Semiótico
- ¿Qué implica para la convivencia?..........Filosófica

Asumiendo que la tarea del investigador social es poner al descubierto el entramado que se construye en torno a los interrogantes propuestos, los ámbitos declarados y los campos disciplinarios definidos, el caso de los estudios interculturales va desarrollando una fisonomía que no sólo admite, sino que condiciona, un tratamiento disciplinario compartido, es decir, multi e interdisciplinario con el cual es posible rebasar las tradicionales fronteras disciplinarias que suelen dividir artificialmente el objeto de estudio antropológico, sociológico, historiográfico o filológico (Dietz, 1999), en tanto que la producción y el consumo de "hechos" y "prácticas" culturales son analizados como "procesos de dotación de sentido" para resolver, desde una perspectiva holística, los cuestionamientos que el investigador se formula para orientar sus propósitos académicos.

De esta forma, la opción viable para el proceso de la investigación convoca a un tratamiento más dinámico y complejo, con la participación de diversas áreas del conocimiento en un intercambio interdisciplinario:

> "...la interdisciplinariedad es fundamentalmente un proceso y una filosofía de trabajo que se pone en acción a la hora de enfrentarse a los problemas y cuestiones que preocupan en cada sociedad…" (Torres, 1998: 67).

d) Enfoque interdisciplinario

Para el propósito de construir un campo disciplinario para abordar el desarrollo de las competencias interculturales desde la formación artística, es evidente que el tema demanda un tratamiento apoyado en diversas perspectivas. Para este fin me adscribo a la definición de disciplina que expresa Jurjo Torres (1998), como una manera de organizar y delimitar un territorio de trabajo:

> "… cada disciplina nos ofrece una imagen particular de la realidad, o sea, de aquella parte que entra en el ángulo de su objetivo…" (Torres, 1998: 58).

Sin embargo, los problemas del mundo contemporáneo no se pueden abordar desde una perspectiva tan fragmentada; por el contrario, la complejidad de la problemática demanda igualmente soluciones complejas:

> "… la complejidad del mundo y de la cultura actual obliga a desentrañar los problemas con múltiples lentes, tantas como áreas del conocimiento existen…" (Torres, 1998: 47).

En este punto quiero hacer una acotación sobre la forma en que pude conciliar los supuestos de la integración disciplinaria en el proceso de la investigación educativa.

Uno de los supuestos del proyecto de intervención educativa estuvo fincado en que el diálogo, el respeto a la diversidad cultural y la tolerancia como valores de la convivencia social, se pueden abordar en la escuela primaria en el marco de los contenidos de las distintas asignaturas del currículum. No obstante, la Educación Artística brinda una valiosa aportación por la facilidad que tiene la disciplina artística para relacionarse con otras asignaturas, lo cual permite el desarrollo del trabajo interdisciplinario, tanto de las diversas manifestaciones y lenguajes propios del arte: danza, artes plásticas, y teatro; como de las otras materias de este nivel escolar: español, matemáticas, ciencias naturales, historia, geografía y civismo.

En el desarrollo del proyecto, se establecieron cuatro objetivos para dos grupos de educación primaria (5° y 6° grados), con una población escolar que fluctuaba en edad entre los 11 y 14 años de edad:

1) Desarrollar una aproximación al concepto de diversidad cultural a través de la exploración de algunos rasgos definitorios.
2) Fortalecer la identidad cultural mediante el reconocimiento de los espacios culturales que interpelan al sujeto a nivel micro: familia, escuela; y a nivel macro: estado, país.
3) Transversalizar los contenidos de la educación intercultural por medio de la actividad artística (música).

4) Describir la importancia de la comprensión y la tolerancia para dirimir los conflictos y antagonismos por la vía pacífica.

La integración programática del proyecto se logró mediante la organización de contenidos que se abordaron de manera integrada:

Español Exposición de trabajos de investigación en equipos. Debates sobre temas de interés para los alumnos. Redacción individual y colectiva de textos. Recopilación de noticias importantes del periódico, radio o televisión. Descripción en textos narrativos de las tradiciones y fiestas populares de la localidad. Organización de ceremonias o festivales. Investigación sobre las tradiciones de la localidad, entrevistas con personas que mantengan ciertas tradiciones, escritura de canciones y coplas. **Matemáticas** Organización de la información en tablas y gráficas. **Ciencias Naturales** Diversidad biológica y social.	**Geografía** División política mundial y población en el continente americano y el resto del mundo. Diversidad étnica y cultural. Índices demográficos: edad, sexo, natalidad, mortalidad. **Historia** El mundo del Islam. La independencia de Estados Unidos. La cultura y la vida cotidiana. La desigualdad entre las naciones. **Civismo** Rasgos de la diversidad cultural y social de México, las diferencias regionales y sociales. Las tradiciones regionales y nacionales. La libertad, el respeto y la tolerancia como fundamentos de la convivencia social La lucha por la paz en el mundo: los conflictos bélicos en la actualidad, los acuerdos entre naciones como vía para la solución de conflictos.
Educación Artística Elaboración de composiciones plásticas. Apreciación de diversos estilos musicales. Escenificación de una producción artística interdisciplinaria.	

Metodología

La combinación de métodos[27] provenientes de la tradición cualitativa me proporcionó el acceso a distintas estrategias para la recopilación de información, como la observación participante; registros etnográficos; y entrevistas tanto de tipo individual como de grupo focal, registrados mediante los diarios de campo y grabaciones de audio y video.

Esa información se ha abordado para su tratamiento, a través de los recursos epistemológicos de la hermenéutica, entendida como el arte de explicar y transmitir por el esfuerzo propio de la interpretación lo que, dicho por otro, nos sale al encuentro, siempre que no sea comprensible en un modo inmediato (Gadamer, 2001: 57) y sobre todo, el **análisis del discurso**.

El modelo de análisis de discurso que se aplicó en las sesiones de grupo focal, contiene el enfoque cuantitativo y el cualitativo que dan coherencia al proceso interpretativo en el que se apoyan los resultados de la investigación.

> "… es un modelo cualquier sistema de relaciones entre propiedades seleccionadas abstractas y simplificadas, construido conscientemente con fines de descripción, de explicación o de previsión…" (Bourdieu, Chamboredon y Passeron, 2001: 76).

La revisión cualitativa de la producción discursiva generada en las sesiones de grupo focal, parte de una concepción del discurso propuesta como resultado de la asimilación de algunas consideraciones fundamentales como la relación del conjunto de enunciados con las condiciones de producción-recepción (Foucault, 1980); la práctica de las dimensiones de uso, comunicación e interacción (Van Dijk, 2001); y las materialidades presentes (Haidar, 1998); desarrollando dentro de esa estructura teórica, las categorías propuestas en cada caso para alcanzar los propósitos de la investigación referidos a identificar los rasgos de la interculturalidad que se advierten en el discurso de los alumnos.

---

[27] Nuevamente señalo que para los propósitos del presente documento solamente menciono un aspecto mínimo de la metodología utilizada en la investigación que se informa.

En ese proceso ha sido muy importante el apoyo del modelo Interrogación-Respuesta-Evaluación (I-R-E) para revisar el discurso en el aula (Cazden, 1991), y el modelo de análisis de episodios (McKernan, 1999).

Investigación: proyecto y evaluación

Desde mi perspectiva como docente inmerso en el proceso de la investigación, considero que el tránsito del proyecto, desde la teoría hasta la acción pedagógica resultó una experiencia muy interesante, entre otros motivos, porque pude observar en las actividades escolares programadas, algunos fundamentos teóricos del sistema de enseñanza (Bourdieu–Passeron, 2001), sobre todo en el primer encuentro del proyecto con los destinatarios del programa de intervención. Siguiendo a esos autores, resulta que el *habitus* primario de los alumnos respecto a la música, es producto de los procesos de aprendizaje desarrollados en la familia, continuados posteriormente en la escuela y en los otros espacios sociales extraescolares donde se desenvuelven diariamente:

> "… la acción pedagógica primaria… produce un hábito primero, característico de un grupo o una clase, que está en el origen de la constitución ulterior de cualquier otro habitus…" (Bourdieu-Passeron, 2001: 59).

Las actividades desarrolladas se constituyeron en el esquema de un trabajo pedagógico propuesto para confrontar algunas prácticas culturales, en clara referencia a las preferencias musicales inducidas por los medios de difusión –radio y televisión–, y a los productos comerciales de moda –discos, casetes, videos–; sustituyéndolas parcialmente, por otras manifestaciones como la música regional –indígena y mestiza–; los cantos y juegos tradicionales; la música de otros países; y principalmente, la música de los países en conflicto –Irak y Estados Unidos–; de tal forma que a través de la música se buscó darle contenido a un enfoque incluyente de la formación artística y al desarrollo de competencias de tipo intercultural para fortalecer la toma de conciencia de la identidad, la diversidad cultural, y la tolerancia, en el espacio escolar.

Para dar cuenta del trabajo de investigación realizado, en este breve resumen solamente he consignado algunos elementos de los **an-**

tecedentes del proyecto; de las **categorías de análisis** propuestas para revisar la relación *música* con el *espacio social*, la *identidad* y el *conflicto bélico*; y de la **evaluación**; donde he centrado la atención en la *Conferencia* que se organizó como actividad de cierre del proyecto, aludiendo también a los otros referentes que consideré para este propósito. Sobra decir que en todos los casos, la información representa solamente un extracto del reporte de investigación final.

1. Antecedentes del proyecto

La invasión de Estados Unidos a Irak en marzo de 2003 construyó el concepto de "La Guerra en Irak", difundido por los medios masivos de comunicación. Las imágenes del conflicto rápidamente ocuparon los principales horarios del radio y la televisión, así como las primeras planas de los periódicos y las columnas de análisis y comentarios de los principales editorialistas.

Los encabezados del 20 de marzo dieron la noticia del inicio de las hostilidades en la guerra de Estados Unidos contra Irak –en realidad una invasión militar–. Se puso en primer plano a nivel mundial el conflicto entre el fundamentalismo occidental norteamericano de la liberación universal, y el fundamentalismo religioso comandado por el presidente de Irak, quien llamaba a su pueblo a enfrentar la guerra santa contra los infieles. La conmoción provocada por la decisión anunciada desde principios del año respecto a la guerra como vía para enfrentar los conflictos, fue documentada ampliamente por los medios: radio, televisión y prensa.

El panorama de conflicto y angustia por la guerra difundida en todos los medios y a toda hora, orientó los cuestionamientos iniciales de la investigación, derivados de la pregunta central: *¿Qué actitud debe asumir la escuela primaria[28] ante los conflictos bélicos?* No obstante que el proceso de la investigación estableció su propia dinámica en función de los intereses de los alumnos con quienes se llevaron a cabo las actividades programadas, en un principio tal proceso se fue conformando en torno a las posibles respuestas que debería dar la escuela primaria a la emergencia de un evento relevante.

---

[28] Específicamente en este nivel educativo por ser el espacio de las labores cotidianas en ese momento, del sustentante.

Al entrar en la fase empírica de la investigación, la intención inicial fue adquiriendo un matiz de mayor significación para el entorno –los alumnos implicados en las actividades de la intervención educativa–, ya que los objetivos del proyecto se relacionaron con las experiencias de vida más cercanas a los miembros del grupo. El objetivo inicial se derivó en otros propósitos que dieron a su vez otros cuestionamientos: *¿Cuáles son las fuentes de la interculturalidad en la escuela primaria? ¿Cuál es la importancia de la música y la cultura como argumentos de la interculturalidad? ¿Cómo se define la educación artística intercultural y su agente el artista escolar? ¿Cuál es el modelo pedagógico ideal para operar la educación artística intercultural?*, y supuestos en términos de:

a) Es posible transformar una contingencia en experiencia de tipo didáctico para impulsar la construcción de un discurso intercultural que rescate los valores culturales que interpelan a los alumnos desde el ámbito familiar y escolar.

b) Es posible entrar en el juego de la negociación de significados frente a las distintas maneras de conceptualizar el conflicto en el aula, apoyado en los contenidos de la educación artística orientada hacia el reconocimiento de la diversidad y el diálogo como normas para la coexistencia pacífica.

c) Es posible encontrar fórmulas para dar contenido al desarrollo de la educación intercultural en la escuela primaria, en este sentido, es válida la pertinencia de la educación artística como una alternativa viable para tal efecto.

En este sentido, se logró una traducción del nivel macro de la génesis del conflicto internacional, en el acercamiento y la toma de conciencia del fenómeno de la interculturalidad como una acción cotidiana. Es decir, si el conflicto entre los países se fija en la falta de diálogo para construir consensos; lo mismo sucede a nivel micro en las relaciones que establecemos con quienes convivimos en un espacio social como la escuela o la comunidad.

La música, como elemento formativo de la educación artística en la escuela primaria, actuó como un detonador de los objetivos y las actividades programadas al aparecer como un vehículo de acceso directo a la información de tipo cultural: instrumentos y formas musicales, contenidos textuales, y rasgos de significación sobre el uso de la música, lo que ayudó a fomentar la toma de conciencia sobre las habilidades interculturales de los individuos para comprender la condición multicultural de la vida en colectivo. El desarrollo del proyecto en el aula resultó interesante además de divertido para los alumnos, quienes fueron transformando sus conceptos previos –prenociones–, a través de las actividades llevadas a cabo.

El referente empírico se constituyó en dos escuelas de educación primaria. Elegí una escuela para trabajar con quinto y otra para el sexto. Una fue la Escuela Primaria (**EJB**)[29], ubicada en una colonia periférica de Xalapa, cuya población es de bajos recursos económicos y de alta densidad demográfica, ya que cuenta con 14 grupos de aproximadamente 30 alumnos cada uno en el turno matutino. Aquí trabajé con quinto grado, grupo "A". El otro espacio escolar fue la Escuela Primaria (**ECN**), ubicada en Coatepec, también en una zona de alta demanda de servicios educativos, con trece grupos en el turno matutino y con matrícula de 35 a 40 alumnos cada uno. Aquí trabajé con sexto grado, grupo único.

2. Categorías de análisis

Música y espacio social

La noción de capital cultural, en términos del contenido de significados y modos de pensamiento que se originan en el seno familiar y se proyectan en las actividades del individuo; así como los estilos de vida, los bienes y las prácticas culturales que los interpelan y que constituyen su **habitus** (Bourdieu, 2002); sirve de marco teórico para explicarse las distintas respuestas de los alumnos a los contenidos de formación musical, así como para orientar la reflexión sobre las propias prácticas culturales relacionadas con la música, lo que da sentido al supuesto de que el espacio escolar se construye a través de la interacción cotidiana.

El enfoque holístico e incluyente asumido para las clases de música del proyecto de investigación permitió a los alumnos traducir el contenido de ciertos textos, en la recuperación de experiencias familiares alrededor de la correspondencia con la música y sus prácticas culturales.

Como resultado de las actividades realizadas, se hicieron algunas observaciones sobre las prácticas familiares a través de la música que se

---

[29] El nombre de las escuelas fue cambiado para mantener el anonimato.

consume en los eventos sociales como los bautismos, bodas, cumpleaños, y otros festejos que convocan a los miembros de las familias. Al hacer la descripción de la música que ocupan en las fiestas familiares, se repitió la preferencia por la música norteña[30] y la de baile, y en esta categoría, la música tropical y el rock son las que más se ocupan. Con base en los datos de la investigación, podemos asumir que el proceso de integración de la experiencia musical en el habitus de los alumnos como producto de la acción pedagógica, se concreta de manera progresiva, enviando mensajes al maestro a través de la motivación que demuestran los niños:

10 de junio

> "… durante la audición fue evidente el interés que les despertó el encuentro con música desconocida… hicieron varios comentarios, preguntas, y respondieron a las preguntas que hice sobre costumbres, instrumentos musicales, vestuarios, o la discriminación auditiva de la construcción musical, además de las actividades del trabajo con los mapas…"

Por otro lado, la incidencia del contacto los individuos y los elementos de la resonancia estructural, también genera cierto tipo de conocimientos mediante la toma de conciencia de la ubicación de los sujetos en el entramado de la interacción. Esa toma de conciencia se advierte en el discurso de los individuos, como es el caso de una alumna de quinto grado, quien al analizar colectivamente el conflicto de la interacción en el espacio escolar, dejó en claro que al compartir actividades y juegos con los miembros de su grupo, se construye algo que los hace sentirse como hermanos, lo que representa un tipo de identidad en torno al sentimiento de pertenencia al colectivo, y la preocupación por que no le hagan algo a ella o a sus compañeros.

> **Jne:** …ya tenemos un año de estar juntos, en el mismo salón y compartir clases, compartir juegos, o hacer algo así… porque es nuestro compañero

---

[30] Las descripciones de la música norteña que se mencionan, corresponden a las llamadas "bandas", o "música grupera", compuestas por un conjunto de metales (trompetas, trombones, saxofones) y percusiones, que han tenido mucha difusión los últimos años.

> y... somos como hermanos casi... compartimos juegos o a veces compartimos pues... algo...

De esta manera, es posible advertir las simientes del proceso de construcción ideológica del espacio social en los límites concretos del salón de clases, que brinda una forma de cohesión identitaria a la que se adscriben sus miembros en función de una experiencia de vida en el colectivo escolar.

Música e identidad

La concepción tácita de la identidad como una forma de adscripción a diversos elementos culturales entre los que se encuentra en un lugar preponderante la música, facilitó el proceso metodológico para abordar el tema de la diversidad cultural con el apoyo del referente musical como símbolo identitario.

El análisis de la música en su función de referente cultural, condujo la búsqueda de rasgos de la identidad, a los cuales llegamos en el aula como resultado de un trabajo colectivo de intercambio de ideas. De esta forma, pudimos establecer algunas "huellas culturales" contenidas en la música de distintas regiones del país y del mundo, partiendo de algunas condiciones generales:

13 de mayo de 2003

> "... identificamos algunos rasgos de lo indígena en la música, los instrumentos de viento y percusión, y el canto que combina el uso de palabras en español con el texto cantado en lengua indígena... hablamos sobre cómo influyen las condiciones del entorno natural en la conformación física de los individuos y en las actividades que llevan a cabo para sobrevivir..." (ECN)

La identidad como producto de la interacción de diversas raíces en el proceso histórico de su conformación se abordó en el programa reconociendo su influencia cultural, como en el caso de la población de origen negro-africano, quienes constituyen una de las raíces culturales de los países de América, y la repercusión de su presencia que se refleja en la música a través de los ritmos vivos que incitan al baile y la improvisación, así como en su influencia en música como el Jazz o el Rap.

La condición espacial de la identidad también se abordó desde la música, en tanto que ésta refleja creencias locales como las leyendas que se encuentran en cada lugar, para el caso, el ejemplo de la música de Paraguay resultó muy interesante:

3 de junio de 2003

> "… sirvió para introducir la leyenda del "Chogüí", de origen guaraní. Les platiqué el texto en forma de narración… escuchamos la canción "El pájaro Chogüí" y pintaron Paraguay en su mapa… respecto a la historia contada, varios pidieron que les diera más información sobre la leyenda… dibujaron a los personajes en lugar de describir los instrumentos musicales…" (EJB)

Además de la dimensión espacial, la dimensión histórica de la identidad también estuvo presente en los contenidos del proyecto. Se proporcionó un espacio identitario a través de la música, el cual se pudo observar en la audición de la llamada música prehispánica.

29 de mayo de 2003

> "… es una obra donde se dan a conocer distintos instrumentos musicales catalogados como prehispánicos como el caracol, el palo de lluvia, los tenabares, los tambores, el teponaztli y el huéhuetl; para presentarlos después en una composición que combina todos estos instrumentos musicales …" ("Raíz Viva")

25 de junio de 2003

> ***Rfe:*** *…no me imaginaba tanta diversidad musical en nuestro país, nos puede ayudar a comprender más como nos identificamos y a diferenciarnos con respecto a la música… nuestra identidad…* (GF1)
> ***Ysí:*** *… me ayudó a descubrir algo que no sabía porque no pensé que la música fuera así de bonita… no entiendo por qué algunos de mis compañeros se empezaban a reír si esas son nuestras raíces y esa es nuestra verdadera música, la que nos debe gustar…* (GF2)

La identidad también se puede comprender en términos de la relación que se establece entre las personas y las prácticas culturales que realizan regularmente, como el rito "guadalupano" de origen religioso, donde se aprecian elementos identitarios de distintas raíces (indígena y española), que refuerzan el código de pertenencia a un símbolo de identidad.
20 de mayo de 2003

> "… comentamos sobre la tradición del 12 de diciembre de vestir a los niños pequeños de "inditos" para llevarlos a la Iglesia de Guadalupe. Esto me sirvió para presentar la "Danza de Concheros"… hablamos de la integración de las costumbres indígenas y las tradiciones de origen español, por ejemplo, la religión católica y la celebración ritual con indumentaria indígena, la combinación de los instrumentos musicales españoles de cuerda y los instrumentos de percusión (huéhuetl y teponaztli), con los cuales acompañan la danza…" (EJB)

En otro enfoque de la identidad, hablamos sobre el sentimiento de pertenencia que se desarrolla en la interacción diaria y se reafirma en las costumbres que se comparten, dando un símbolo identitario a las personas mediante la convivencia.

Música y el conflicto bélico
El referente de la guerra al inicio del proyecto pasó de ser una noticia de los medios, a un tema para la estrategia didáctica en el aula, en tanto que me ofreció elementos de apoyo para el desarrollo de las actividades y el logro de objetivos:
La aproximación al conflicto se perfiló fijando como un primer objetivo, la toma de conciencia por parte de los alumnos de los contenidos referidos a la multiculturalidad mencionados. Se propuso a la música como el medio para lograrlo. A partir de esa primera meta, se puntualizó el supuesto básico de la construcción del diálogo, el respeto a la diversidad cultural y la tolerancia, como valores de la convivencia social que se pueden abordar en la escuela primaria en el marco de los contenidos de las distintas asignaturas del currículum. El proceso de aprendizaje, en este sentido del reconocimiento del otro y la tolerancia, nos permitió identificar a nivel macro, los aspectos

generales de la relación conflictiva de los países antagonistas y la mediación del organismo internacional de la paz; y a nivel micro, los conflictos de la interacción cotidiana:

5 de junio de 2003

> "... les pedí para la siguiente sesión las características fundamentales de los países Irak y Estados Unidos... población, bandera, vestido... el equipo 1 buscará lo relacionado con Irak, el equipo 2 sobre Estados Unidos, y al equipo 3 le pedí información acerca de las funciones de la ONU, ya que es el organismo rector de la Paz en el mundo. Todo esto para abordar el tema de dos países en conflicto y la función mediadora que tiene un organismo neutral para ayudar a resolver las diferencias..." (ECN)

En relación con las marcas culturales que se pueden encontrar en la música de Irak y de Estados Unidos, en cada ejemplo de la audición se abordaron diversas características para tener presente los parámetros de la igualdad en cuanto a los rituales de la música, es decir, en ambas regiones la música desempeña funciones extra-disciplinares que le dan sentido a la identidad.

Al plantear la mediación desde la música del proyecto, que promueve el concepto de la diversidad como una perspectiva incluyente de todas las manifestaciones artísticas y culturales, encontramos en el texto de la Novena Sinfonía de Beethoven, la invitación al diálogo para la construcción de la coexistencia y la convivencia pacífica:

25 de junio de 2003

> ***Cla:*** *... lo que me gustó de la clase de ayer fue la música de Beethoven, y me gustó porque habla de que debemos estar unidos y no debe de haber guerra... a mí no me gustan las guerras porque muchas personas mueren...* (GF2)
> ***Ane:*** *... la música de Beethoven... estaba muy bonita... hablaba de la guerra que fue muy triste como lo que vimos de Irak en la tele..."* (GF2)

El proyecto en su etapa en el aula terminó de una manera emotiva, con vivas y aplausos para las actividades, las felicitaciones para el maestro visitante y los agradecimientos para el maestro de grupo y para los alumnos. En la participación nutrida de la última sesión, se observó que los alumnos habían desarrollado un buen nivel de comprensión de los contenidos, y que salieron fortalecidos en el rechazo a la guerra del que me hablaron desde el primer día que entramos en contacto.

12 de junio de 2003

> "…dieron algunas conclusiones respecto a la tolerancia, a la diversidad y a la conservación de la paz mundial… se habló de conservar la paz y la amistad, que debemos conservar las buenas relaciones para vivir mejor…" (ECN)

3. Evaluación

La evaluación del proyecto se sustenta en las evidencias de articulación de conceptos de las áreas formativas artística y social que se tuvieron a través de la producción discursiva en cada uno de los grupos focales, reflejada en las opiniones de los maestros responsables del grupo, y en los juicios de quienes estuvieron como testigos tanto del proceso como de la expresión del discurso de los alumnos que trabajaron en el proyecto de intervención educativa.

Este apartado se sustenta en tres referentes. El primero da cuenta de las reuniones de **grupo focal**, (**GF**), articulando los datos del plano descriptivo con el enfoque interpretativo del texto se desarrolla en el análisis de discurso. En total se integraron cinco grupos focales (3 en la ECN, y 2 en la EJB).

El segundo aspecto vinculado a la evaluación informa sobre el desarrollo de la **conferencia** organizada como cierre del proyecto, en la cual la descripción del evento se acompaña por un breve acercamiento interpretativo sustentado en las categorías de análisis: *nociones de multiculturalidad, reconstrucción subjetiva,* y otras que se omiten en el presente resumen.

Finalmente, se presenta uno más que toma en cuenta algunas **opiniones de otras personas** que estuvieron cerca del trabajo realizado, como son los maestros responsables de cada grupo donde se aplicaron las actividades del proyecto de intervención educativa, y las opiniones de los alumnos de la Licenciatura en Educación Musical que apoyaron eventualmente el registro de las sesiones por encontrarse en aquellas fechas como prestadores de Servicio Social dentro del proyecto de iniciación musical (IMEP[31]).

Las fuentes de información para el proceso descriptivo son fundamentalmente las grabaciones de audio y video, complementadas por las anotaciones que hice durante las actividades realizadas de cada grupo focal para destacar algunos momentos que me parecieron interesantes.

a) Grupo Focal

La virtud del proyecto de intervención educativa en la producción discursiva que se revisa, estriba en haber proporcionado la posibilidad de establecer relaciones con referentes culturales de distintas regiones a través de ejemplos concretos de la música representativa de cada lugar[32], propiciando actividades escolares combinadas como el trabajo con mapas, descripciones orales y escritas, representaciones gráficas, comparación de dimensiones geográficas; y en el plano artístico, fomentando la actividad creadora para traducir por medio de la imaginación la experiencia musical lograda por medios de expresión como la escritura y el dibujo:

> "… la imaginación, como base de toda actividad creadora, se manifiesta por igual en todos los aspectos de la vida cultural haciendo posible la creación artística, científica y técnica…" (Vigotsky, 2002: 13).

El **Grupo Focal** (GF) se constituyó en cada uno de los grupos de trabajo integrados por los alumnos de las dos escuelas donde se desarrolló el proyecto de intervención educativa. Se formaron cinco secciones en total. En la escuela ECN, se integraron tres GFs con los alumnos del sexto grado; y en la escuela EJB, se formaron dos GFs (GF4 y GF5), con los niños del quinto grado, grupo "A".

La producción discursiva de los GF se concentra en el esquema siguiente, en el cual encontramos que para el enfoque **cuantitativo**, se

---

[31] IMEP, Iniciación Musical en la Escuela Primaria, es un proyecto de trabajo coordinado por el autor, que opera en la Zona Escolar donde se ubican las dos escuelas del referente empírico.

[32] Como medida preventiva contra la posibilidad de crear estereotipos, en todas las sesiones de trabajo en el aula se insistió en considerar el material musical que escuchamos solamente como un ejemplo del universo musical que se constituye en cada región de referencia.

trabajaron las categorías *"interacción discursiva"* y *"dominio discursivo"*, mientras que para el **cualitativo**, se abordó el *"análisis de discurso"* en sus dimensiones de macro y micronivel, que se definen en el mismo esquema como los "recursos para el análisis".

Esquema de categorías de análisis cuantitativo y cualitativo

Categorías	Recursos para el Análisis	Enfoque
Interacción Discursiva Dominio Discursivo	a) Concentración e interpretación de las tablas de tópicos e intervenciones de las sesiones de Grupo Focal. b) Diferentes cuadros de concentración de datos y porcentajes sobre la producción discursiva. c) Análisis de las intervenciones individuales, considerando una lectura vertical y horizontal de los datos registrados.	Cuantitativo
Macronivel Micronivel	Análisis de Discurso. Constituye la temática central desarrollada en cada sesión, identificada a través del enfoque cualitativo del análisis de discurso. Análisis de Discurso. Contiene las categorías de análisis construidas a partir de la interpretación de la producción discursiva de cada sesión.	Cualitativo

b) Conferencia

Como actividad de cierre de la intervención educativa, se organizó la Conferencia: "Música y Cultura, Argumentos de la Interculturalidad", con el objetivo de proyectar hacia la comunidad escolar los aprendizajes logrados en el aula, y para favorecer la aplicación de las competencias interculturales de los alumnos a través de la organización de un evento que les permitió establecer acuerdos y operarlos de manera colectiva, así como para fortalecer las habilidades comunicativas mediante la estructuración de un discurso fundamentado en la experiencia educativa y en sus propios significados culturales, de los cuales tomaron conciencia en las interacciones provocadas por las actividades escolares que fueron diseñadas para tal fin.

Visión Etnográfica
El público de la conferencia se integró con alumnos de otros grupos, también se invitaron a otros maestros y algunos padres de familia. El evento tuvo resultados distintos cada escuela, por ejemplo en la ECN, con alumnos de sexto grado, apoyados decididamente por el maestro de grupo y por la dirección de la escuela. Los logros alcanzados dieron muestra de la pertinencia del programa diseñado.
Durante el desarrollo de la conferencia hubo momentos significativos para fortalecer la veracidad de los supuestos básicos de la investigación. Uno de esos momentos sucedió cuando el maestro del 5º grado subió al foro de manera espontánea para dirigirse a los expositores y al público asistente. El contenido de su intervención se analiza más adelante. La intervención del maestro termina agradeciendo al responsable del proyecto y a los alumnos conferencistas por la experiencia musical y cultural que se está presentando a la comunidad escolar.
En otro momento, el equipo encargado de exponer el tema de la tolerancia, hizo la representación de una escena en la que un grupo de niños se empujan y se jalonean el patio de la escuela, simulando tener una pelea. Después de unos momentos Mra[33] sube al escenario para intervenir separándolos y dirigirse a los que simularon la pelea. Los diálogos de la representación fueron improvisados, lo que permitió advertir la creatividad en la articulación de las acciones presentadas con el discurso intercultural referido a la tolerancia como condición de iguales, para fortalecer la convivencia pacífica.
Se presentó un momento por demás interesante en la conferencia cuando la alumna Mra, quien en la reunión de GF del día anterior no quiso dar su opinión acerca del trabajo realizado en su grupo –se rehusó a hacer comentarios–; en esta ocasión, frente al público le pide a una compañera, con quien estaba distanciada, que hablen para resolver sus diferencias. En otras palabras, asistimos a la aplicación del diálogo y tolerancia para la convivencia pacífica. La espontaneidad de su intervención y el contenido de su discurso quedan como constancia de las respuestas que se generaron en los alumnos a consecuencia del proyecto de intervención educativa.
En esta ocasión un niño de quinto grado aceptó la invitación, aunque no preguntó, sino que pasó al foro a comentar sobre el contenido de la

---
[33] Nombre en clave de una alumna de sexto grado.

conferencia, haciendo ver lo interesante que ha sido para él la temática, porque aparte de hablar de la tolerancia están aprendiendo canciones nuevas, de otros países. Una alumna de quinto grado habla acerca del contenido de la música de Beethoven que acaban de escuchar, diciendo que esta música habla de la paz entre los seres humanos. Para concluir, se pidió un aplauso para todos los niños del sexto grado. Mre y Cla subieron espontáneamente al foro para tomar la palabra y refirieron sucintamente los cambios que se dieron en los alumnos del grupo respecto a la música. Mre pidió el micrófono para agradecerme haberles traído música que no conocían, después de hablar, pidió aplausos para el maestro coordinador el proyecto de música.

Visión Hermenéutica
El enfoque interpretativo de la conferencia, presenta un acercamiento en torno a tres categorías: **nociones de multiculturalidad**, donde se observan las construcciones cognitivas que los alumnos han elaborado para darle contenido al concepto de la multiculturalidad, **reconstrucción subjetiva**, que hace referencia a las diversas respuestas que pueden dar, tanto los alumnos como los maestros, a los objetivos de formación de un proyecto educativo como el que se implementó a partir del conflicto bélico, la música y la cultura, situadas en el discurso y en las acciones que se hicieron presentes durante la conferencia; y **liderazgo**, que presenta un punto de vista analítico de algunas acciones particulares que desplegaron –durante la conferencia–, algunos miembros del grupo de trabajo, y que por la persistencia de sus actitudes, dieron información interesante y útil para los propósitos generales de la investigación realizada. Solamente voy a presentar las primeras dos categorías.

Noción de multiculturalidad
Durante la conferencia, los rasgos de la multiculturalidad: identidad, diversidad cultural y tolerancia, se abordaron desde una perspectiva compleja que admite un enfoque vertical[34], en el que se integran elementos de la **dimensión histórica**, como se puede apreciar en el ejemplo de audición musical "Raíz Viva"[35], en el que se presentan

---
[34] Los conceptos "enfoque vertical" y "enfoque horizontal" se aplican para designar posturas complementarias que buscan dar explicación a la multiculturalidad.

diversos instrumentos, ritmos y melodías catalogadas como prehispánicas:

> Cla: "… la música que acabamos de escuchar [nos muestra] cómo sonaban los instrumentos y de qué materiales los hacían nuestros antepasados…"

En la expresión de Cla se advierte la relación histórica como un rasgo de la multiculturalidad, en tanto que los restos que dan cuenta de ciertas prácticas culturales como la construcción de instrumentos musicales y la música que procede de la reconstrucción que se produce con ellos, como son los esquemas rítmicos y melódicos, la combinación del conjunto instrumental, o los significados rituales derivados del uso de la expresión musical, constituyen un legado de "nuestros antepasados". Es decir, por medio de la música, la configuración de la identidad del sujeto se proyecta al pasado creando nexos con la condición identitaria actual, estableciendo de facto una relación directa con un grupo social de pertenencia, por ejemplo: las prácticas aztecas le pertenecen en cierta medida al sujeto que se asume mexicano, y también, al tener conciencia de ese pasado, el sujeto se asume como miembro de un grupo que conserva algunos rasgos que los identifica a través del tiempo.

En este sentido, la heterogeneidad de la población de un determinado lugar admite la posibilidad de encontrar distintas proyecciones históricas en las que se transmiten algunos patrones culturales que dan sentido a la diversidad.

Por otra parte, la noción de multiculturalidad admite un enfoque horizontal que se refleja en la **dimensión espacial** a través de las prácticas cotidianas que hacen las costumbres de los grupos de convivencia como el espacio familiar o el espacio escolar a nivel micro, y los grupos culturales encuadrados dentro de los límites político-geográficos a nivel macro:

> Rfe: "La canción nos habla de cómo una familia está celebrando una fiesta y así cada familia celebra por ejemplo los bautizos, las primeras comuniones…"

---

[35] *Raíz Viva*. José Ávila. Los Folkloristas. "Los Folkloristas Cantan a los Niños". Discos Pueblo.

> Mre: "…este conjunto de personas comparten algunos rasgos culturales como son su forma de vestir, su forma de hacer su música… la manera en que hacen su comida… sus costumbres, sus creencias…"

En otro fragmento de la conferencia, también encontramos que la noción de multiculturalidad es construida por los alumnos desde un enfoque espacial que le permite ampliar la mirada para observar que los eventos culturales como la tradición oral de las leyendas y la música, suceden simultáneamente en distintos grupos sociales:

> Ysí: "…en la canción se habla de un indio guaraní… allá en Paraguay los guaraníes son como acá son los indígenas, por eso, hagan de cuenta que es un niño pobre, un indígena…"
>
> Cla: "[en] la música que acabamos de escuchar… la historia es indígena… la leyenda del Chogüí… pero los instrumentos como el arpa… ya es de españoles… esta música ya es de indígenas con españoles…"

En los apuntes señalados, Ysí establece en su intervención la condición de pobreza inherente al ser indígena: "hagan de cuenta que es un niño pobre, un indígena"; y también que la condición de indígena puede ser situada: "los guaraníes son como acá los indígenas". Por su parte, Cla plantea la hibridación cultural de la música que se integra con un contenido de origen indígena que es expresado musicalmente con instrumentos de origen español, para dar como resultado una canción que contiene las raíces indígena y española, de manera similar a lo que sucede con la "danza de concheros" de México que se analizó en durante las sesiones de clase en el aula.

Reconocer la confluencia de las dimensiones histórica y social en el sujeto, fue una de las tareas que se lograron al otorgar a los alumnos la responsabilidad de asumirse cada uno como organizador y participante de la conferencia, en la cual tuvieron la oportunidad de expresarse libremente en torno a la temática a través de la habilidad discursiva convocada por la temática multicultural.

Reconstrucción subjetiva

La categoría alude a un tipo de configuración de las formas de pensamiento que se ven influidas directamente por el proceso de aprendizaje de los sujetos, e indirectamente, por el contacto que se establece con el enfoque asumido para el estudio de la música como elemento de la diversidad cultural. Sin embargo, en ambos casos, representan un cambio de actitud en las personas sobre sus formas de entender el mundo que nos rodea.

En este caso, la referencia concreta es en torno a dos situaciones que sucedieron durante la conferencia, las cuales reflejan un tipo de reconstrucción subjetiva —directa e indirecta—, en tanto que permitieron identificar algunas respuestas de los sujetos que entraron en contacto con el proyecto: los alumnos expositores y el público que asistió a la conferencia.

En primer lugar, existe una reconstrucción del sujeto en términos del aprendizaje cuando se traslada un contenido conceptual como "la tolerancia", hacia la experiencia de vida cotidiana:

> Mra:"… a veces hay problemas con mis compañeros… ahorita estoy peleando con una amiga, pero yo sé que de seguro nos vamos a hablar… no sé si ella quiera también, se llama Mre y está aquí… me siento mal que nos peleemos porque yo con todos me llevo menos con ella… no sé si me quiera de nuevo hablar… ahorita con lo que vimos, debemos hablar para [resolver el problema]… si se pelearon, pues alguien debe hablar con los compañeros, no es bueno resolver a golpes, sino que con palabras se resuelve mejor…"

En el apunte destaca en principio la invitación al diálogo para resolver las diferencias, no como una idea vaga del "deber ser", sino como una apropiación del concepto que adquiere sentido al transpolarse a la problemática que expresa la alumna como la pelea con Mre que las llevó a dejar de hablarse.

En el fragmento discursivo llama la atención la toma de conciencia que manifiesta como resultado del proyecto:

> "Ahorita con lo que vimos, debemos hablar."

La exposición de los conceptos de tolerancia y diálogo han impactado en su forma de actuar a tal grado que cuestiona sus decisiones asumidas, ya que antes del proyecto no tuvo necesidad de reflexionar sobre la pelea con su compañera, en cambio ahora, es capaz de expresar en público su propio malestar por la situación que menciona:

> "… me siento mal… porque yo con todos me llevo menos con ella…"

Aquí resulta relevante el cambio de actitud que tiene al abordar el tema cuando el día anterior no quiso participar de las actividades dando a conocer sus opiniones en la reunión de grupo focal.

En el ejemplo anterior se puede identificar una **reconstrucción subjetiva directa**, en términos de la respuesta positiva de la alumna que manifiesta un cambio de actitud como resultado del proyecto educativo en el cual intervino; en este caso, los aprendizajes promovidos sobre la tolerancia y el diálogo han tenido aplicación en una situación problemática concreta. Hicieron que el sujeto reconsidere sus actitudes para emprender acciones diferentes, generadas mediante un proceso de reflexión que confronta lo que consideraba válido. Por ahora, Mra ha decidido que la vía del diálogo le va a ayudar a enfrentar el malestar de la separación que tenía con una de sus compañeras. En este sentido, asistimos como testigos de una reconstrucción del sujeto que opera en los cambios de actitud referidos.

La segunda situación da cuenta de una reconstrucción indirecta del sujeto a través del acercamiento a la experiencia del proyecto que se logró establecer durante la conferencia, ya que estos casos no compartieron todo el proceso operativo, sin embargo, se pueden encontrar evidencias de la sensibilización hacia los aprendizajes promovidos, como lo manifiesta el maestro que espontáneamente toma la palabra durante la conferencia para dar a conocer su opinión al público asistente.

Para apoyar la premisa de la reconstrucción subjetiva indirecta se consideran tres aspectos de la intervención del maestro. En primer lugar, se encuentra la **aceptación** de la música como elemento formativo de la sensibilidad artística:

> "… la música como una de las bellas artes despierta una emoción que se capta a través de los sentidos… la demostración que se está haciendo, la considero muy valiosa, porque… en muchas ocasiones nos

> hace sentir felicidad, si estamos en un momento anímico… viene la música y nos levanta el ánimo… nos hace sentirnos diferentes…"

El maestro le concedió la categoría de valiosa a la exposición de los alumnos, la cual se sustenta en la observación que hace de la función que cumple la música de despertar emociones, de proporcionar felicidad y de levantar el ánimo, además de hacer sentir diferentes a las personas. Fincada la aceptación, estableció una **revaloración** de la experiencia musical, en tanto que no se limita a la función disciplinaria artística:

> "… a mí me resulta lo más interesante, el hecho de que la música despierte la intención de hablar… que los alumnos sean capaces de expresar a través de lo que van aprendiendo, estas ideas tan importantes… desde el momento que los alumnos están diciendo algo sobre la música, es la música la que los está impulsando a hablar, a participar… para que nosotros seamos capaces de quitarnos vendas de los ojos, que estamos como en la oscuridad, vemos la música pero como algo no valorable…"

Los rasgos de la revaloración planteada hacen referencia a las intenciones del proyecto en torno a generar una producción discursiva que expresara los distintos aprendizajes promovidos por los contenidos trabajados en el aula. En las expresiones del maestro se puede comprobar que las metas se alcanzaron, de modo que los resultados se ven reflejados en el nivel de sensibilización que ahora son capaces de promover entre el auditorio los alumnos, ya que es posible quitar las vendas que han excluido a la música de las actividades formativas cotidianas, haciéndola ver como una herramienta de poco valor o –"no valorable"–, según el maestro en uso de la palabra.

De este modo, a decir de un miembro del público, los valores que se le atribuyen a la música son susceptibles de desplegarse a otras áreas como la expresión oral, ya que el enfoque incluyente asumido impulsa también el habla fundamentada de quienes tienen algo que decir en torno a la música como elemento cultural.

Finalmente, la aceptación y la revaloración fortalecen el desarrollo de las actividades artísticas en la escuela primaria, y crean en la expresión del miembro del público asistente a la conferencia, la necesidad de considerar a la música como un **incentivo escolar** para la formación integral de los alumnos de este nivel educativo:

> "…[la música] tiene un alto sentido del valor, como una de las grandes bellas artes al igual que la pintura, que la música, que la danza, que la literatura, y otras muchas más, ojalá y no quede ahí nada más el que gocemos de esta música sino que los demás años pudiera colaborar más con nosotros aquí en la escuela. Gracias maestro, gracias alumnos (aplausos)…"

Después del breve análisis que antecede, queda registrado entonces otro tipo de respuesta positiva hacia los resultados derivados de la operación del proyecto. Entonces podemos hablar de una **reconstrucción subjetiva indirecta** en tanto que, aun y cuando el sujeto no estuvo inmerso en el proceso de operación del proyecto, los conceptos previos respecto a las funciones de la música y la cultura se han visto modificados en cierta medida para dar paso a nuevas construcciones conceptuales, como han sido la aceptación, la revaloración y la consideración de la música como incentivo escolar, capaz de abrir nuevos horizontes a la visión "clásica" del arte como patrimonio exclusivo de un grupo reducido de personas dotadas de condiciones bio-psicológicas particulares.

c) Otras opiniones

Este apartado integra las opiniones de maestros de ambas escuelas y de algunos estudiantes de la Facultad de Música en Servicio Social dentro del proyecto IMEP, a fin de introducir una visión externa para confrontar esa perspectiva con los puntos de vista del coordinador del proyecto de intervención, para valorar el proyecto controlando –en lo posible– cualquier sesgo que implicase invalidar las conclusiones sobre la pertinencia y los logros del proyecto al sustentarse en meras ocurrencias antes que en los resultados de las actividades documentadas.

RT: Maestro Vla, ¿qué impresión le deja el haber participado en este proyecto?

> **Vla.:** "… siempre he dicho que en la música hay mucho escondido… que se puede utilizar para otras

> muchas aplicaciones... he visto cómo los rostros de los niños han cambiado, [también] sus actitudes, el esmero, el ansia que demuestran cuando ven llegar [al maestro]... si se quiere mejorar la educación, creo que [se] debería empezar por revisar contenidos, y ver dónde se acomoda la música... si de veras lo queremos desarrollar al individuo armónicamente..."

RT: ¿Cuáles son los cambios más visibles que ha podido ver en los niños?

> **Vla.**: "... le prestan más sentido a este tipo de canciones... los veo más centrados, más maduros en sus participaciones, se esmeran, quieren sobresalir y sobre todo que algunas actitudes y palabras negativas ya las han suprimido..."

RT: ¿Qué opinión tiene usted del método que se aplicó durante este proyecto?

> **Vla.**: "... es un método muy creativo, el niño participa, se puede levantar, puede moverse, puede hacer un tipo de ritmo... pone en juego sus sentidos, y sobre todo lo que casi no se acostumbra en los grupos es que el niño esté alegre, contento, que el niño sonría... el método es excelente, los ayuda a participar, los pone en actividad..."

RT: Maestro Sno, ¿qué impresión le deja haber concluido el proyecto respecto a los contenidos, los objetivos y la respuesta que tuvieron los niños?

> **Sno**: "... la impresión es agradable, se sensibilizaron bastante, aprendieron un poquito a analizar más las cosas... su actitud se volvió un poco más tolerante con los demás... me parece que el trabajo fue muy bueno y a ellos les pareció también bonito, están contentos, han estado trabajando a gusto... sí les está agradando [conocer] los diferentes tipos de música..."

RT: ¿Algo que quisiera comentar sobre el trabajo que se realizó?

> **Sno**: "...la metodología es buena les permite identificar muchísimas cosas: ritmos, melodías, incluso les sirve para ubicarse dentro de la geografía... mi

sugerencia sería que esto fuera más continuo y que se diera pues en todos los grados, desde primero hasta el sexto, que hubiera más personal para que apoyara este tipo de trabajo… que a nosotros como maestros de grupo nos dieran algunas orientaciones básicas…"

RT: MA, ¿cuál es su impresión de la actividad que acabamos de realizar?

MS: "… es interesante ver cómo los niños sí pueden despertar el interés musical y además cómo ellos pueden relacionar la música que tienen a su alrededor con música de otros lugares y, asimismo, ellos se identifican con una cultura… me sorprendió que los niños están manejando con mucha claridad y relacionando estos conocimientos de lo que está sucediendo como la guerra… luego se enfocó este tema a la escuela, a su grupo, de acuerdo con los niños se identifican muy rápido eso me gusto mucho…"

RT: ¿Qué impresión les deja haberme acompañado a este trabajo con los alumnos de sexto grado?

NA: "… se expresaron con mucha facilidad, como que trataron de defender lo que son, lo que les pareció, lo que no les pareció, y se me hicieron niños muy maduros a pesar de su corta edad, fueron muy claros… me sorprendieron mucho en las opiniones que tuvieron…"

ME: "… me dio gusto que hayan reaccionado así con la música y las actividades… a mí también me sorprendieron mucho sus palabras para su edad…"

AO: "… a mí me pareció muy interesante y con un signo de interrogación muy grande al principio de ¿cómo fue que se armó la clase? ¿Cómo fueron los pasos para que los niños se desarrollaran de esa forma?, de hecho me sorprendieron las palabras de los niños…"

RT: TE, ¿cuál es tu impresión de las actividades donde participaste?

TE: "… en la exposición creo que hubo mucho manejo de términos de los niños, que dan evidencia a la asimilación de todos los términos y aspectos de la

> *clase... me parece asombroso también cómo algunos compañeritos que parecían estar ausentes en la clase expresaron de manera coherente sus ideas sobre la música..."*

Como parte final del retrato narrativo, algunas ideas expresadas por la directora de la escuela al finalizar la conferencia, constituyen propiamente el cierre oficial del proyecto:

> **ED**: *"... la música, como ya lo vieron, nos lleva a los sentimientos y nos cambia los pensamientos... ojalá que estas clases que tuvieron cambien su forma de ver la vida... cambien el trato que tenemos hacia los demás..."*
>
> **ED**: *"...hace falta este tipo de enseñanzas con personas que tienen esa preparación musical para abrirnos más adentro de lo que nosotros podemos ver en las personas, en los niños, ahora se hacen muy presentes esos valores que resaltaron en su trabajo... la diversidad cultural, la identidad... rescatarnos primero como personas dentro de una familia, como compañeros dentro de una comunidad y la comunidad dentro del país y en el mundo... para tomar lo propio, seguir dándonos el valor que tenemos de acuerdo a lo que hacemos y lo que pensamos y sobre todo la tolerancia... esa tranquilidad que nos da la música, ir hacia adentro de nosotros y buscar qué sentimos nos va a permitir querernos y querer a los demás para poder lograr el respeto y lo que es la tolerancia... maestro RT, mi agradecimiento a nombre de los niños... felicidades a los conferencistas y mi reconocimiento porque no es fácil pararse a hablar en público como lo han hecho... un aplauso para ustedes..."* (Se escucha un aplauso nutrido)

Conclusiones generales

Dimensión Pedagógica. No he querido dejar desapercibido este aspecto fundamental que se refiere a los resultados alcanzados mediante la operación del proyecto, y que conciernen a **los alumnos**, a **los docen-**

tes, y a **mí mismo**, como el investigador que coordinó las actividades. En el primer caso, ha sido gratificante y alentador asistir a un cambio de actitud por parte de **los alumnos** hacia el fenómeno musical, que se fue gestando desde las impresiones de desconcierto, indiferencia o rechazo que suscitaron las piezas musicales de la primera audición, en la que no había referentes que hicieran significativa la experiencia de escuchar música como parte de la clase; pasando paulatinamente hacia el interés manifiesto por las actividades propuestas, que incluyeron el intercambio de opiniones, el trabajo con mapas, la investigación en documentos y entrevistas, y la exploración de las posibilidades de expresión artística de cada uno de los miembros del grupo:

> *Ola: "…la primera reacción que nosotros tuvimos al escuchar su música fue burlarnos de la música… si nunca la hubiéramos escuchado así anduviéramos toda la vida, para mí es muy importante porque gracias a usted yo conocí la música de diferentes lugares…"* (ECN)

5 de junio de 2003

> *"… la abundancia de ejemplos musicales modificó la actitud que tuvieron los alumnos cuando comenzó este proyecto, de las risitas nerviosas y las miradas entre ellos buscando explicaciones a mi presencia en el aula, y el desconcierto que las primeras melodías provocaban, pasaron al interés por escuchar la música de nuestra clase, tan diferente a la que normalmente tienen a su alcance…"* (ECN)

Respecto a **los docentes**, su motivación también se ha visto reflejada en el proyecto, así en la participación directa en las sesiones de clase, donde se ha manifestado el uso didáctico que se le puede dar a la música, como en el apoyo que han brindado para la realización de las actividades, no solamente del maestro de grupo, sino también por parte de la Dirección de la ECN, donde le dieron toda la formalidad a la Conferencia "**Música y Cultura, Argumentos de la Interculturalidad**" que propuse para terminar el proyecto.

12 de junio de 2003

> *"… al finalizar, el maestro de grupo me pidió que repitiera la obra –Novena Sinfonía, de Beethoven–,*

> *enfatizando el mensaje de paz que contiene y trasladando la reflexión a las actividades cotidianas en la escuela, para que tomaran conciencia sobre el mensaje de la obra en la vida diaria de los alumnos..."* (ECN)

19 de junio de 2003
> *"... la directora de la escuela... se mostró muy entusiasmada con la idea de la conferencia, incluso va a alquilar mobiliario (sillas) para ese día... ella me pidió que le diéramos toda la formalidad a la actividad de cierre, le agradecí su apoyo y entonces quedó organizado el evento para el 26 de junio..."* (ECN)

Finalmente, el tercer sujeto implicado, donde aparezco **yo como investigador**, también he modificado algunos conceptos previos. Mediante las tareas desarrolladas por los alumnos, fueron apareciendo frente a mí algunos desencuentros epistemológicos entre una concepción imaginaria acerca de la interculturalidad como contenido escolar –una de mis prenociones asumidas–, y la evidencia de lo intercultural como el despliegue de comportamientos individuales y colectivos que asumen los individuos frente al "otro", los cuales no son producto de un aprendizaje de técnicas o teorías, sino de la interacción cotidiana entre los sujetos.

Como resultado de las actividades de investigación que realizaron los alumnos en trabajos colaborativos, se establecieron colectivamente algunas referencias en torno a las prácticas familiares a través de la música que se consume en los eventos sociales como los bautismos, bodas, cumpleaños, y otros festejos que convocan a los miembros de las familias.

Alfabetización artística y cultural: La idea de una alfabetización artística con el enfoque crítico asumido por las dimensiones política y ética que apunta Giroux (1992), abonadas por la contingencia de un evento relevante a nivel mundial como fue el referente de la invasión a Irak por Estados Unidos –identificado por los medios de comunicación como la "guerra en Irak"– orientó el trabajo inicial con los elementos musicales que identifican a los sujetos que participaron en la investigación, al mismo tiempo que proporcionó pistas para desmontar los elementos culturales que subyacen en el consumo artístico que realizan. En la premisa de la alfabetización artística e intercultural propuesta, radica la importancia y la validez de las intenciones que han motivado mi proyecto de investigación.

Noción de educación intercultural: La educación intercultural no puede entenderse como una materia ni como contenido educativo específico, sino como la posibilidad de favorecer situaciones en las que los alumnos pueden desarrollar sus habilidades para establecer relaciones armónicas con los demás, y para poner en juego los significados de tipo cultural que los identifican, reconociendo en el proceso la diversidad y practicando la tolerancia. La música, superando las limitantes del enfoque disciplinario, como una estrategia de la educación artística, ofrece condiciones favorables para acercarse, conocer y comprender fenómeno de la diversidad cultural.

En la revisión que se hizo de "música y cultura" como categoría analítica, se observa la hibridación disciplinaria de lo artístico (música) como soporte epistémico de lo social (identidad, valores, reconocimiento de la diversidad); y cómo esta mezcla de contenidos educativos ha abierto un polo de formación para el desarrollo de habilidades interculturales, no como la descripción de un fenómeno lejano, sino como la vivencia que pretende desarrollar en el sujeto la compresión del contexto multicultural y la relación intercultural a través de un ejercicio lúdico y pedagógico que pone en juego sus propios significados, y que le da sentido al pluralismo cultural.

Artista escolar: El enfoque incluyente de la educación artística en la escuela primaria, plantea la posibilidad de construir al "artista escolar", como el sujeto que puede utilizar los lenguajes artísticos de acuerdo con su propio nivel de desarrollo, en oposición al concepto de "talento" que excluye y discrimina a la población escolar. Por otra parte, también se ha podido dar contenido en la práctica, a una de las finalidades de la educación artística en el ámbito escolar que habla de aportar elementos formativos para la humanización de las personas a través de la sensibilización y la creatividad, independientemente de las capacidades intelectuales individuales, es decir, de todas las personas, no únicamente de los más dotados para el ejercicio de las artes.

Como apoyo didáctico, la música ocupa un lugar privilegiado en el proceso de formación, principalmente por la claridad que ofrece su estructura fundamental: ritmos, instrumentos, textos de las canciones; para lograr un acercamiento analítico con el mínimo de requerimientos disciplinarios formales, es decir, arrimarse a la diversidad cultural puede ser un trabajo escolar tan fácil, productivo y agradable como escuchar música de manera consciente.

En diversos países se practican métodos para la enseñanza de la música que reflejan una gran preocupación por parte de los maestros para lograr una perfecta coordinación en todas las actividades que el niño desarrolla con fines formativos. La enseñanza de la música no se considera una actividad aislada y específica de una sola clase; no tiene como finalidad formar músicos instrumentistas, sino contribuir a la formación integral del educando. En esta línea tendría que adscribirse la aspiración de un proyecto educativo que responda a la necesidad de integrar a los alumnos de la educación básica en un enfoque de formación integral con el apoyo de la música.

De esta manera se estaría atendiendo a la formación artística de los individuos con un enfoque incluyente capaz de rebasar las limitaciones que de manera tradicional se han presentado en el enfoque disciplinario donde los más aptos son quienes tienen acceso a la educación artística.

Competencia Lingüística: Tal vez los alumnos en la primaria no han desarrollado suficientemente sus habilidades analíticas y su lenguaje para expresar con mayor claridad sus ideas y las emociones frente a la experiencia individual con el fenómeno musical como se ha trabajado en el proyecto. Sin embargo, tenemos evidencias de que una forma de desarrollar esas competencias, puede ser el tratamiento que se le ha dado a la música como elemento cultural en este proyecto de investigación. Entre los propósitos educativos alcanzados por la investigación se encuentra el hecho de que los alumnos se reconocieron como generadores de su propio discurso, en el que encontraron reflejos de sus patrones culturales familiares presentes en los significados negociados durante el trabajo escolar diario.

Metodología: El método de proyectos constituye una estrategia de trabajo valiosa para los propósitos de la educación intercultural desde la formación artística. Por otra parte, la articulación discursiva de los alumnos debería considerarse como estrategia de evaluación de aprendizajes ya que denota la comprensión de contenidos que se han integrado a su experiencia de vida.

Bibliografía

Aguirre, A., *"La identidad cultural"* (31-55) en A. Aguirre (ed.), *Cultura e identidad cultural.* Barcelona: Ediciones Bardenas, 1997.

Adorno, Theodor W. *"Sobre la Música".* Paidós Ibérica, SA. Barcelona: Inst. de Ciencias de la Educación de la U. Autónoma de Barcelona, 2000.

Aguado Odina, Teresa 1991. *"La Educación Intercultural: Concepto, Paradigmas, Realizaciones".* Tomado de *"Lecturas de Pedagogía Diferencial",* Coord. Carmen Jiménez. Madrid, Dykinson. pp. 89-104. en Téllez, 1997: Antología del curso "Diversidad cultural y equidad en la educación básica". Maestría en Educación Básica. Veracruz, México

Attali, Jacques, *"Ruidos, Ensayo sobre la Economía Política de la Música".* Siglo XXI editores. Primera edición en español. México, DF, 1995.

Bonfil Batalla, Guillermo. *"México Profundo, una civilización negada".* Primera edición en "Letras Mexicanas". CONACULTA. México, DF, 2001.

Bourdieu, Pierre. *"Capital cultural, escuela y espacio social".* Cuarta Edición en Español 2002. Siglo XXI, México, DF, 2002.

Bourdieu, Pierre; Chamboredon JC; y Passeron JC. *"La Reproducción".* Editorial Popular. Madrid, 2001.

Bourdieu, Pierre; Chamboredon JC; y Passeron JC. *"El Oficio de Sociólogo".* Siglo XXI de España Editores. Cuarta Edición en Castellano. Madrid, 2001.

Castaño, Granados, y Pulido (1996). *"Reflexiones en diversos ámbitos de Construcción de la Diferencia"* en "Lecturas para educación Intercultural". Editorial Trotta (1999). Madrid., Laboratorio de Estudios Interculturales. Universidad de Granada.

Cazden, B Courtney. *"El discurso en el Aula, El lenguaje de la enseñanza y del aprendizaje".* Paidós Ibérica. Madrid, 1991.

Chalmers, F. Graeme. *"Arte, Educación y Diversidad Cultural".* Ediciones Paidós Ibérica, SA. Barcelona, España, 2003.

Dietz, Gunther. *"Etnicidad y Cultura en Movimiento: Desafíos Teóricos para el estudio de los Movimientos Étnicos".* Laboratorio de Estudios Interculturales Universidad de Granada. en Nueva

Antropología. Ed. Nueva Antropología, AC.- Vol. 27, No. 56, pp. 81-107. México, 1999.

Dietz, Gunther. *"Multiculturalismo, Interculturalidad y Educación: una aproximación antropológica"*. Granada / San Diego, 2001.

Dogan, Matei y Pahré, Robert. *"Las Nuevas Ciencias Sociales: la marginalidad creadora"*. Traducción Argelia Castillo. Grijalbo.- México, DF, 1993.

Eco, Humberto. *"Apocalípticos e Integrados"*. Cuarta edición en Fábula. Editorial Lumen/Tusquets. Barcelona, 2001.

Ferreiro, Emilia. *"Vigencia de Jean Piaget"*. Primera Edición. Siglo XXI Editores. México, DF, 1999.

Foucault, Michel. *"El orden del discurso"*. Tusquets Editores, Barcelona, 1980.

Foucault, Michel. Vigilar y Castigar, Siglo XXI, pp. 175-198, 1984.

Frega, Ana Lucía. *"Música para Maestros"*. Editorial Graó.- Barcelona, España, 1978.

Freire, Paulo. *"Pedagogía de la Esperanza"*. Siglo XXI Editores S.A. de C.V. 4ª Edición en Español. México, DF, 1999.

Freire, Paulo. *"Pedagogía del Oprimido"*. Siglo XXI Editores S.A. de C.V. 54ª Edición. México, DF, 2002.

Gadamer, Hans-Georg. *"Estética y Hermenéutica"*. Ed. Tecnos. Madrid, España, 2001.

Gardner, Howard. *"Arte, Mente y Cerebro"*. Ediciones Paidós Ibérica, SA. Barcelona, España, 1987.

Gardner, Howard: *"Inteligencias Múltiples"*. Primera edición en la colección "Transiciones" (1998). Ediciones Paidós Ibérica, SA. Barcelona, España, 1993.

García Canclini, Néstor. *"Políticas Culturales: de las identidades nacionales al espacio latinoamericano"*. Las industrias culturales en la integración Latinoamericana. Eudeba, Editorial Universitaria de Buenos Aires. Argentina, 1999.

García Canclini, Néstor. *"La Globalización Imaginada"*. Primera Reimpresión. Editorial Paidós. México, 2000.

Giddens, Anthony. *"Un mundo desbocado"*. Taurus. Madrid. pp. 60-63, 1999.

Gimeno Sacristán, José. *"La Construcción del Discurso acerca de la Diversidad y sus Prácticas"*, en "Aula de Innovación Educativa". Número 81, Año VIII, Mayo 1999.

Giroux, Henry A. y Flecha Ramón. *"Igualdad educativa y diferencia cultural"*. El Roure Editorial, S.A. Primera edición, pp. 11-26 Barcelona, España, 1992.

Goetz, JP y LeComte, MD. *"Etnografía y Diseño Cualitativo en Investigación Cualitativa"*. Editorial Morata.- Madrid, 1988.

Gombrich, Ernst H. *"Breve historia de la Cultura"*. Ed. Océano de México y Ediciones Península (Barcelona). 1ª ED, 2004.

Haidar, Julieta y Rodríguez Lidia. Dimensión Antropológica, Año 3. Vol. 7. Mayo/Agosto, 1996.

Hargreaves, David. *"Música y Desarrollo Psicológico"*. Primera Edición, Traducción de Ana Lucía Frega y otros. Editorial Graó.- Barcelona, España, 1998.

Kymlicka, Hill. *"Las políticas del multiculturalismo"*. Cap 2, en Ciudadanía Multicultural. Paidós. Barcelona, 1996.

Locatelli, Ana María. *"Raíces Musicales"*, en Aretz, Isabel, "América Latina en su Música". Siglo XXI editores y UNESCO.-Novena edición. México, DF, 2004.

Luhmann, Niklas. *"El sistema educativo"*, pp. I-XXX.- UG-UIA, México, 1993.

McLaren, Peter. *"La escuela como un performance ritual"*. Primera edición en español. Siglo XXI Editores en coedición con el Centro de Estudios sobre la Universidad, UNAM. México, DF, 1995.

McLaren, Peter. *"La vida en las escuelas, una introducción a la pedagogía crítica en los fundamentos de la educación"*. Segunda edición en español. Siglo XXI Editores en coedición con el Centro de Estudios sobre la Universidad, UNAM. México, DF, 1998.

Mclaren, Peter y Giroux, Henry. *"Escritos de los márgenes: geografía de identidad"*, en Mclaren Peter. Multiculturalismo revolucionario, Paidós, México, pp. 17-42, 2000.

Merriam, Alan P. *"Usos y Funciones de la Música"*, en Cruces Francisco y otros: Las Culturas Musicales. Editorial Trotta. Sociedad de Etnomusicología. Madrid, 1999.

Morín, Edgar. *"Introducción al Pensamiento Complejo"*. Editorial Gedisa, SA.- 6a Reimpresión (Enero). Barcelona, España, 2003.

Morín, Edgar. *"La Mente Bien Ordenada"*. Editorial Seix Barral, SA. Quinta Edición (Junio). Barcelona, España, 2003.

Pérez de Cuéllar, Javier. *"Nuestra Diversidad Creativa"*. Informe de la Comisión Mundial de Cultura y Desarrollo. UNESCO/ Correo de la UNESCO. México DF, 1997.

PÉREZ-GALÁN Beatriz. *"Somos como Incas... Autoridades indígenas y turismo en el Valle Sagrado"*, en Pérez-Galán, B. y G. Dietz (coord.): "Cruzando Fronteras. 2002. Procesos de Globalización y Localización en América Latina". Granada: Proyecto Sur

PIAGET, Jean. *"Seis Estudios de Psicología"*. Editorial Labor, SA. Colombia, 1995.

RUIZ LÓPEZ, Arturo. *"Multiculturalidad y la Educación Multicultural o Intercultural"*. en Muñoz Cruz Héctor: "Rumbo a la interculturalidad en Educación". Primera edición. Universidad Autónoma Metropolitana-Iztapalapa; Universidad Pedagógica Nacional y Universidad Autónoma "Benito Juárez" de Oaxaca. México, DF, 2002.

SELBY, David. *"Educación Global: Hacia una irreductible Perspectiva global en la Escuela"*, en Aula de Innovación Educativa. No. 51, año V, Barcelona. Graò Educación, 1996.

STORR, Anthony. *"La Música y la Mente"*. Ediciones Paidós Ibérica, SA. Barcelona, España, 2002.

TORIZ SANDOVAL, Juan Rafael. *"Iniciación Musical en la Escuela Primaria"*. Proyecto de formación artística desarrollado en la Zona Escolar 062ª. 1998-2003.

TORRES, Jurjo. *"Globalización e Interdisciplinariedad: el currículum integrado"*. 3ª Ed. Ediciones Morata. Madrid, 1998.

TOURAINE, Alain. *"¿Podremos vivir juntos? Iguales y Diferentes"*. Fondo de Cultura Económico. Segunda Edición, Primera Reimpresión. México, 2001.

VAN DIJK, Teun A. *"Ideología. Una aproximación multidisciplinaria"*. Editorial Gedisa, SA. Primera reimpresión. Barcelona, España, 2000.

VAN DIJK, Teun A. *"El Discurso como Estructura y Proceso"*. Editorial Gedisa, SA. Barcelona, España, 2000.

VAN DIJK, Teun A. *"Estructuras y Funciones del Discurso"*. Siglo XXI Editores, México, 2001.

VILA, Pablo. *"Música e Identidad"*, en Piccin, Mabel: "Recepción Artística y Consumo Cultural". INBA, Ediciones Casa Juan Pablos.- México, DF, 2000.

Vygotsky S. Lev. *"Pensamiento y Lenguaje"*. Ediciones Quinto Sol, SA de CV. México, DF, 2001.

Vygotsky S. Lev. *"La Imaginación y el Are en la Infancia"*. Ediciones Coyoacán. Segunda Reimpresión. México, DF, 2002.

Walzer, Michael. *"Tratado sobre la Tolerancia"*. Yale University. Traducción de Francisco Álvarez. Ediciones Paidós Ibérica, SA. Barcelona, 1998.

Documentos

Secretaría de Educación Pública. *"Programa Nacional de Educación 2001-2006"*. México, 2001.

UNESCO. *Declaración de la Conferencia de Ministros de Educación en Cochabamba Bolivia*, 2001.

Capítulo 5

A manera de cierre...

Haberme animado a asumir la responsabilidad –autoimpuesta– de escribir esta obra, no fue una fácil decisión.

Sin la valiosa colaboración de tantos libros leídos, tantas clases impartidas, tantos trabajos de grado y de posgrado dirigidos, seguramente no hubiera pasado por mi cabeza ampliar tanto mi campo de contemplación de temas de didáctica con mirada general.

Para concluir este recorrido en el que le agradezco la compañía al colega lector, hago algunos últimos aportes.

En primer lugar, una transcripción de parte del trabajo final de grado de Carla Domínguez, por su pertinencia al utilizar un valioso instrumento que llamé "Roseta Zabala-Frega" en una de mis clases, para analizar las complejidades de la enseñanza de la ejecución del violín... Con la cabeza puesta en nuestra cita del primer capítulo, cuando ciencia y arte se unen como desafío pedagógico-didáctico, seguramente el lector logrará hacer las transposiciones pertinentes a su propio campo disciplinar.

Por lo demás, Bustos en el capítulo anterior, se refiere a las propuestas de Antoni Zabala. Es un tema, el de los contenidos procedimentales, al que he dado mucho lugar en mis reflexiones compartidas en tanta clase de didáctica en tanto lugares.

Carla Dominguez comparte con nosotros

La aplicación de un modelo de análisis en el aprendizaje del violín

En esta sección presentaré un modelo de análisis de gran utilidad para ser aplicado en el análisis de contenidos de carácter procedimental. El modelo Zabala (1993) en versión A. L. Frega, nace de la propuesta original de Zabala. Es a partir de su marco y concepción respecto a qué es un contenido procedimental y cómo ha de ser analizado, que la Dra. Frega replantea el modelo, utilizando las mismas concepciones, para que el análisis sea aún más profundo y específico.

Veamos pues qué dicen estos modelos y cómo puede ser aplicado el último al análisis de los contenidos procedimentales más elementales en la enseñanza del violín según la visión de los maestros Suzuki, Havas y Spiller.

El modelo de A. Zabala

A. Zabala analiza en profundidad los llamados "contenidos procedimentales del aprendizaje" en su texto ***Cómo analizar los contenidos procedimentales en el aula.*** Define estos contenidos como aquellos **"saberes"** relacionados con la realización de **"acciones"**, proporcionando un modelo de "ejes" para analizar cada contenido procedimental, lo que permite ordenar los aspectos inherentes a la graduación según sea el grado de complejidad. Cada uno de estos ejes son un "continum" que va de lo simple a lo complejo, en donde se disponen los contenidos a ser enseñados.

Teniendo en cuenta que aprender a "tocar" un instrumento, en este caso el violín, implica "saber hacer" una gran variedad de acciones, tomaré el marco epistemológico sugerido por A. Zabala, quien define como contenidos procedimentales *al conjunto de acciones ordenadas y finalizadas, dirigidas a la consecución de un objetivo, que incluyen el conocimiento de: reglas, técnicas, destrezas, procedimientos, habilidades y métodos.*

Para Zabala el aprender a "hacer" ha de vincularse con la secuencia y graduación de las acciones que son propias de cada contenido, aunque sin perder de vista la importancia de que el maestro sepa visualizar con claridad las dificultades que aparecen al aprender y al enseñar este tipo de "haceres". Establecer una secuencia adecuada de contenidos del aprendizaje es el tal vez el aspecto de mayor relevancia que ha de tenerse en cuenta en el momento en que el maestro decide los métodos que va a emplear.

A continuación, enumero algunas orientaciones para el docente que el autor considera pertinentes:

1. La necesidad de realizar actividades que correspondan a un orden o secuencia clara y gradualmente determinada. La secuencia debe implicar un proceso gradual.
2. La importancia de presentar modelos en donde pueda observarse el proceso en su totalidad, respecto a las fases y acciones que lo componen.
3. A través de la observación y guía que se le ofrezca al alumno se establecerá un proceso del tipo de práctica guiada en la que éste irá asumiendo el control, la dirección y la ejecución en forma progresiva. Es a través de esta situación que el docente decidirá el tipo de ayuda que se le ofrece y la oportunidad de mantenerla, modificarla o retirarla.
4. Ofrecer siempre a los alumnos la posibilidad de que puedan demostrar su competencia en el dominio del contenido aprendido.
5. La necesidad de que las acciones sean ejercitadas suficientemente para que el alumno llegue a dominarlas, sin perder de vista la reflexión sobre la propia actividad.
6. El análisis de los contenidos propuestos a la luz de los siguientes ejes puede resultar beneficioso para la organización de las secuencias de trabajo:

- **Motriz**_____**Cognitivo** *Ver si el contenido seleccionado tiene una vertiente inclinada más hacia lo Motriz o a lo Cognitivo, o si es que se dan ambas en forma simultánea.*
- **Pocas acciones**_____**Muchas acciones** *Establecer el grado de dificultad de los contenidos, de aquellos que requieren pocas acciones a aquellos que requieran muchas.*
- **Algorítmico**_____**Heurístico** *Determinar el orden de las secuencias desde las acciones que ya han sido "automatizadas", y ya no requieren ser tan pensadas, hasta aquellas que requieren la búsqueda de estrategias propias para resolver situaciones.*

Zabala dispone varios contenidos procedimentales a lo largo de los 3 ejes, de modo que el docente pueda ordenarlos según una determinada secuencia. Propongo un ejemplo de aplicación para el análisis en el caso de la enseñanza–aprendizaje del violín:

```
              postura corporal  cambiar de cuerda  digitar      afinar
Motriz———+————————————+————+———————+————————+—————————Cognitivo
                 Escuchar      observar     imitar    leer música
```

Pocas acciones ——+————+———+————+———Muchas acciones

　　　　　Tirar /Empujar　imitar　combinar improvisar
Algoritmico————+————+————+————+———Heurístico

El Modelo Zabala en la versión de A. L. Frega

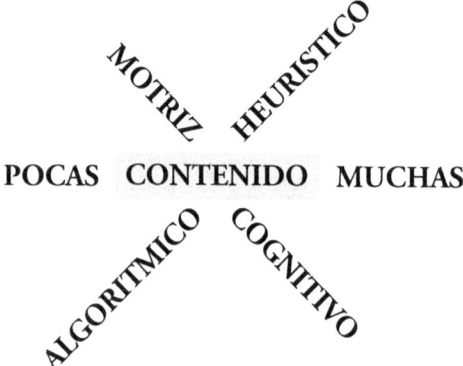

**MODELO INTERACTIVO DE ORGANIZACION
DE LOS PROCEDIMIENTOS**

A. Zabala realiza los ejes en forma horizontal y separados unos de otros. La graduación de los contenidos permite determinar qué "haceres" deben enseñarse primero que otros.

Ana Lucía Frega los cruza conservando los respectivos extremos tanto a la derecha como a la izquierda y coloca **solo un contenido procedimental** para ser analizado desde las tres perspectivas a la vez. Esto determina dos campos que permiten ir de lo simple a lo complejo y viceversa, **para cada contenido o "saber hacer" que se quiera enseñar.**

A. L. Frega propone, de esta manera, mirar cada contenido procedimental a través de este modelo interactivo, también llamado "Roseta Zabala-Frega"*.

---

* (El modelo Zabala en versión Frega fue presentado por la Dra. Frega en su cátedra de Metodología Educativo-Musical en la Universidad CAECE. en 1999.)

Por ejemplo, **cantar** (como contenido procedimental de aprendizaje), es un procedimiento que tiene instancias graduadas o secuenciadas de logros posibles, cada uno de los cuales recorre alguno de estos tres ejes. Se verá como se va creciendo en cognición.

Tomando entonces, el Modelo Interactivo de la Dra. Frega, se podrán analizar una serie de contenidos procedimentales, fundamentales en la enseñanza del violín, según las consideraciones que de ellos hacen los autores de los métodos Havas, Suzuki y Spiller.

Epílogo

Para ir ya terminando, retomo la palabra con una fuerte referencia a Edgar Morín y sus aportes sólidos y sintéticos en su obra *Los siete saberes necesarios para la educación del Futuro* (Ediciones Nueva Visión, Buenos Aires, 2002, página 20), cuando señala:

> *Un conocimiento no es el espejo de las cosas o del mundo exterior. Todas las percepciones son a la vez traducciones y reconstrucciones cerebrales, a partir de estímulos o signos captados y codificados por los sentidos; de ahí, es bien sabido, los innumerables errores de percepción que, sin embargo, nos llegan de nuestro sentido más fiable, la visión. Al error de percepción se agrega el error intelectual. El conocimiento en forma de palabra, de idea, de teoría, es el fruto de una traducción/reconstrucción mediada por el lenguaje y el pensamiento y por ende, conoce el riesgo de error.*

¿Puede ayudar el aprendizaje transdisciplinar/interdisciplinar a disponer de estrategias que ayuden al sujeto en su permanente traducción/reconstrucción de conocimiento a partir de las estimulaciones del mundo que lo rodea?

Éste es sin dudas el desafío que convoca tanta búsqueda pedagógica y didáctica, tanta investigación y reflexión constante, toda la preocupación que nos caracteriza a quienes, desde distintas disciplinas, hemos abordado con convicción la noble y difícil tarea de educar.

Espero haya sido el aporte constituido por la lectura de este libro, una instancia valiosa en el pensar y repensar constante de nuestra tarea como educadores.

Buenos Aires, 25 de noviembre de 2006.

Índice

Prólogo
Dr. Julio César Labaké 4

Capítulo 1
¿INTER O TRANS?... ¿CO...MULTI...? Definiciones
y un poco de historia práctica 7

Capítulo 2
Aprendizaje: ¿por imitación...?, ¿por transferencia...?,
¿como un proceso interdisciplinar...? 23

Capítulo 3
La inter-trans-co-multi... dos ejemplos 55
Diana Fernández Calvo - María Angélica Bustos

Capítulo 4
La formación integral e integradora en acción... un ejemplo
mexicano amplio 85

Capítulo 5
A manera de cierre... 133

Epílogo 141

www.ingramcontent.com/pod-product-compliance
Lightning Source LLC
LaVergne TN
LVHW051949060526
838201LV00059B/3576